獻米給教宗的男人

史上最熱血農村公務員
衝破體制無極限，
拚出自己與村落的新人生

高野誠鮮　著
莊雅琇　譯

推薦序

進擊的公務員

洪震宇

在這個時代，公務員是保守負面的代名詞，為什麼我們要讀這本在日本偏鄉擔任低階職位公務員寫的《獻米給教宗的男人》？

第一層意義是作者高野誠鮮面對即將被淘汰的極限村落，身負必須扭轉弱勢偏鄉的命運，他的心路歷程與方法，足以成為台灣改變城鄉差距的教戰守則。

第二層意義是具有激勵的心靈雞湯。在這個全球經濟大轉型、科技加速、市場捉摸不定的時代，本書讓在政府機構、大企業體系的工作者，找回一個人生存與工作的意義。

第三層價值，則是拋開流行的「設計思考」、「社區設計」這種外來和尚會燒香、得靠設計大師加持的迷思，而是以積極負責的態度，主動找問題、解決問題，不自卑也不自大，但懂得人性需求與弱點，透過執行、實驗的碰撞過程，一步一步解決問題。

第四層最讓我激賞的價值，則是「買空賣空」，透過挖掘地方脈絡，化憂點爲優點的幽默與創意。

例如招攬年輕人來鄉間居住體驗的計畫，被同樣的公部門指責違反《旅館業法》與《食品衛生法》，但高野不願低頭了事，要全力推行這個剛起步的活動，他想到了日本古代的「烏帽子親制度」，特定人物爲年輕男子戴上烏帽子、互相敬酒的成人禮制度，彼此成爲乾爹與乾兒子，高野就讓接待農家跟入住學生彼此敬酒，結成親戚關係的方式，通過法令考驗。

原本想找日本天皇支持他們的神子原越光米，沒想到被婉拒，高野腦筋動到遠在梵蒂岡的教宗，因爲神子原翻譯成英文，就變成耶穌居住的高原，他寫信給教宗，沒想到教宗竟透過大使回覆：「就讓我們來當小村落通往小國家的橋樑吧。」

高野用各種方式創造話題，讓農產品熱賣，證明自己的想法，也激勵鄉親努力改變，透過外國人的口碑效應，反過來讓日本人產生認同。

這一切機會，都是來自這個冬季豪雪與陡峭農地的不利環境，造成廢耕、年輕人離去，許多在地人更以自己的出身爲恥，加上公務人員明哲保身，不想承擔責任，才讓高野誠鮮有機會勇於嘗試，在主管一句「只要不犯法，一切由我負責」的鼓勵下，他開始先斬後奏，有勇有謀，用正向幽默面對負向批評。

《獻米給教宗的男人》一書描寫地方人與公務人員這種自卑自大的矛盾心態，讓我想起過去曾經有好幾年，在臺灣各地穿梭，進行田野調查與演講，透過對外召募的旅行去整合地方資源，讓阿公阿嬤能導覽行程、提供餐飲住宿，創造收益與自信。

我的工作就是找到每個主角的特色，鼓舞他們勇於表達，接著規劃行程劇本，排好工作流程，當旅客抵達每個點，要如何開場，產生什麼驚喜，每個行程之間環環相扣，脈絡相連。

過程中有不少關懷鄉土的朋友默默參與，創造許多力量，也遇到只想掠奪政府資源、複製行程的顧問公司，或是地方上袖手旁觀的閒言閒語，甚至是被動消極的地方公務員，只想用彩繪牆壁來交差了事。

這些問題來自於視野與格局的狹隘，不願踏出舒適圈，造成心態的僵化，但是我們不能因此就停下步伐，更要記取初衷，積極前進，讓更多人加入行列。

高野誠鮮提醒，日文的「役人」就是公務員，意思是有貢獻的人，公務員的辦公室──「役所」──則是有貢獻的地方。

「役人」、有貢獻的人，其實就是工作者的初衷。公務人員或是上班族，如果只是明哲保身，毫無作爲，當然不會失敗，但是日復一日做同樣的事情，注重形式上的細節，卻缺乏格局，如何因應新時代的變革？沒有對外吸收新知，對內缺乏挖掘整合能力，這不會有任何貢獻，更會被時代淘汰。

因此，高野誠鮮時時刻刻問自己，公務員只有三種類型，一種是可有可無，另種是令人困擾，最後一種則是不可或缺，每次碰到難關時，只有這種叩問才能激發潛能，創造新局。

你呢？你要成爲什麼樣的工作者，可有可無、令人困擾，還是不可或缺？

在這個沒有退路的時代，行動的侏儒會被淘汰，只有帶來改變的進擊的巨人，才能成爲有故事的人。

（本文作者為作家，著有《走自己的路，做有故事的人：從生活脈絡尋找改變的力量》與《風土餐桌小旅行》等書，曾獲得金鼎獎、時報開卷獎、入選臺北國際書展大獎）

目錄

第三章

口耳相傳。——神子原米空前絕後的自有品牌宣傳戰略　109

第四章
動員起來。——真的實現了「靠幽浮振興地方」！　167

前言

最近的公司職員令人感覺愈來愈像公務員，尤其是那些任職於大企業的人。每次想要推動新的計畫，不是害怕失敗裹足不前，就是因循前例想不出好點子。更糟糕的是，誰都不想負起責任。只會召開好幾次、好幾十次的會議，製作磚頭一樣厚重的精美企畫書……。

但是，我想問問他們：「到底什麼時候才要真正開始行動？由誰帶頭？」

假設天花板的燈泡壞了。大家抬頭看著燈泡抱怨連連，它就會亮起來嗎？一定要有人換掉燈泡才會大放光明。

話雖如此，我自己也是公務員。目前服務於能登半島根部的石川縣羽咋市公所。

本書所介紹的羽咋市神子原地區，過去的人口曾經超過一千人，如今減少了一半，成了六十五歲以上的人口超過半數的「極限村落」[1]。居民絕大多數務農，由於年收入低得驚人，年輕人因此離開村落。此外，農家對自己的村落也不引以爲傲。二〇〇五年春天，市長委託我執行計畫案，期望能刺激人口過稀高齡化村落的發展，並在一年內打造農產品的自有品牌。

我絞盡腦汁擬定了讓村落重生的方案，但只由市公所的人大力鼓吹，也無法獲得村民的認同，因此引來不少質疑聲浪：「失敗了怎麼辦？」「誰來負責？」「沒做過的事情怎麼可能會成功？」

所以我要建立一個示範區。首先從神子原地區做起，如果不能藉此打動人心，大家也不會有所行動。

不能紙上談兵，還須付諸實行。

目前神子原地區增加了不少「I-turn」[2]的年輕人，不僅脫離了極限村落的行列，也順利打造出獻給教宗的「神子原米」品牌。由於設置了可供村民自訂價格銷售自產農產品的直銷站，村民的收入因此提高。於此同時，村裡也開始嘗試自然栽培法。

——如今，我有了深刻的體悟。成功與失敗僅有一線之隔，做與不做之間的結果猶如天壤之別。

這幾年來，來自企業與自治組織的演講邀約不斷，經營上出現問題的企業、政府機構、公共團體……都來請我演講。演講主題涵蓋甚廣，諸如「拯救人口過稀村落的方法」、「帶動地方發展」，甚至是「培養創意發想能力」。想必他們已經認同我過去所做的一切吧。

★本書第一章至第五章是根據二〇一二年四月出版的《ローマ法王に米を食べさせた男》（講談社）加以潤飾、修正；第六章是配合新書版新增的篇幅。

1　日語原文為「限界集落」，限界為極限之意。日本社會學者大野晃於一九九一年新創的名詞，指人口外流造成村落空洞化、邊緣化及高齡化，六十五歲以上的人口超過半數，維持共同體的機能已達極限。

2　指原本住在都市，後來到鄉村工作定居。

第一章

否定一切。

——認清極限村落悲慘的本質

「極限村落」的悲慘現狀

「小心我把你這傢伙踢到農林課去！」

二〇〇一年冬天，上司突然對我飆罵。

在此之前，我隸屬於石川縣羽咋市教育委員會生涯學習課，負責營運及管理一九九六年七月一日開幕的日本首座太空科學博物館「COSMO ISLE羽咋」。館內陳設了NASA（美國航空暨太空總署）實際發射升空的水星火箭（Mercury Rocket）、月球及火星探測器（Luna／Mars Rover）、太空人穿過的太空衣、月球石頭等，一年到訪人數將近二十萬，是羽咋市的重要觀光景點。

直到開幕為止的主題規畫以及向國家申請補助金、繪製展場設計圖、與NASA直接交涉、簽約準備展覽品等等，全都由我這個負責人一手包辦。

然而，市公所的上司只想招攬自己屬意的企業，甚至說：「太空主題只會浪費納稅人的錢，給我關掉那個什麼COSMO ISLE！」他對招攬觀光客完全不感興趣，全面否定我所做的一切。不論我做什麼，總是被放大檢視，如果我想表示一點意見，他就破口大罵：「你是在反抗我嗎？」我莫名其妙激起了這個一心想要當市長、拚老命往上爬的人的競爭意識，他一逮到機會便來找碴，企圖彰顯自己「比較優秀」。對他來說，要是放任我這種職員不管，說不定哪天就會被反咬一口吧。我眞是每天過著飽受欺壓的鬼日子。

不過，我可不想當什麼市長。能以一介公務員的身分與NASA直接聯繫，並與太空人交流，在第一線忙碌著還比較快樂。

當時發生了一件事。

「COSMO ISLE羽咋」以八百美元的便宜價格，向紐約的美國自然歷史博物館購買了「幽浮」（UFO）節目。那時候的匯率換算約等於八萬日圓。但上司似乎誤以爲是用八百萬日圓購買，並且在市民說明會上大言不慚地說：

「各位，這種沒用的節目竟然是浪費了八百萬日圓的稅金買的！」實在很過分。

我當面向上司表示：「您搞錯了，不是八百萬日圓，是八百美元。請您更正，是八萬日圓才對。」他卻態度強硬地說：「我不認錯。」當我一再請他更正，他反而說：「你要是敢反抗我，小心我把你這傢伙踢到農林課去！」

在他眼裡，農林課是市公所的最底層，也是廢柴職員的去處。

於是，二〇〇二年，就在我四十八歲時，眞的被踢到農林水產課。

我當時有點沮喪。因爲之前對農業不感興趣，也從來沒下過田。再加上完全聽不懂同事到底在聊些什麼，讓我直冒冷汗，深覺自己來到糟糕的地方。

結果又發生了雪上加霜的事。

遭到下放的前一年，經濟產業省直接要求我幫忙即將在二〇〇五年舉辦的愛知萬國博覽會「愛・地球博」。對方表示，因爲我熟悉NASA，希望我能前往名古屋，至於我離開市公所這段期間，縣政府也會派職員暫代我的業務。同事紛紛對我說：「這很光榮啊。」我則是聽過就算。

過了一陣子，據說石川縣副知事向我上司提出借調。不過，上司很不高興。他不喜歡來自中央或縣政府等上級交辦的工作，也對於經濟產業省直接委託我感到不滿。他把我找去，一如往常地坐在椅子上，大剌剌地把腿擱在桌子上，以公務員不該有的態度破口大罵道：「你這混蛋！」

「別去管經產省說些有的沒的!!」

「他們的要求連聽都不要聽，直接給我拒絕！」

後來，他以我態度極差爲由，對我處以訓誡處分。但是，那並不是我主動參與「愛．地球博」，明明是對方要求的，實在不可理喻。

那位白目上司還曾在公開場合冠冕堂皇地說：「大家都在喊經濟不景氣，可是看看現在的日本，一個家庭有兩三臺車子，到底哪裡不景氣了？全世界還有很多貧困的國家欸，這種愛抱怨的人最差勁。」所以我根本不在乎他對我的訓誡處分。

不過，我也不能因此自暴自棄，於是就此展開了農林水產課的新工作。

我負責的案子是「中山間地區等直接支付制度」[1]。這是農林水產省的補助事業，以每一千平方公尺＝一反步（三百坪）爲單位提供一些補助金額，以便維持及管理山間地區的田地。當我前往屬於中山間地區的神子原地區向農家說明這項制度時，聽到了令

神子原町的梯田。這一片好山好水可種出美味的越光米。

人驚訝的事實。

被蔑稱為「野猴子」的村民

羽咋市位於能登半島西邊的根部，感覺就像左手大拇指彎曲時的根部關節處。整個市區相當小，東西南北大約九×九公里、面積爲八一．九六平方公里。總人口爲二萬二六七〇人（二〇一五年），大多從事第三次產業[2]。

其中的神子原地區是由神子原、千石、菅池這三個村落構成的中山間地區，占地約一千公頃，散布在羽咋市東部鄰近富山縣處的基石峰、海拔一五〇公尺至四百公尺的陡峭傾斜地帶。當地居民多是農民，耕地約一一〇公頃。其中絕大多數爲梯田，是石川縣規模最大的梯田。

問題在於市內高齡人口所占比率非常高，離村率也居高不下。尤其是菅池村的高齡者比率爲五七％，已陷入六十五歲以上的居民超過半數的「極限村落」狀態。

一九八四年度的神子原地區還有一九六戶、八三二人；到了二〇〇四年十二月底，只剩下一六九戶、五二七人。換句話說，人口在二十年裡足足減少了三七％。廢耕地也

1　日本農林水產省的農業地區類型區分中，「中間農業地區」為介於平地農業地區與山間農業地區之中間地區，林野率在五〇％～八〇％之間，耕地大多為傾斜地之市町村。「山間農業地區」為林野率八〇％以上，耕地率未滿一〇％之市町村。「中山間地區」則是介於中間農業地區與山間農業地區之間，占日本國土面積約七〇％，多位居河川上游的傾斜地，在日本農業、農村中占有重要地位。但是耕地少，難以擴展大規模的土地利用型農業，大多以零細規模的農家為主。因此勞動、土地、資本的生產力比都市地區或平地農業地區低，導致中山間地區的廢耕地率比平地農業地區高，高齡化的情形也較為嚴重。「中山間地區等直接給付制度」是日本農政史上首次的創舉，主要是補正廢耕地增加、多面性機能降低之中山間地區等的農業生產不利條件，使其農業生產活動得以持續。本制度導入後，須由中立之第三者機關（中山間地區等總合對策檢討會）對於實施狀況加以檢討。

2　Tertiary Industry，又稱第三級產業、第三產業。指不生產物質產品的行業，即服務業。除農林漁牧業等第一次產業與製造業等第二次產業外，其他剩餘的範疇皆稱為第三次產業。

從二〇〇〇年尾聲的三十一公頃、到二〇〇三年尾聲的三十五公頃，二〇〇五年甚至增加到四十六公頃。由於年輕人離村導致農業後繼無人且增加不少廢屋，冬季豪雪與陡峭農地等不利耕作的因素也造成廢耕地遽增，使神子原地區逐漸失去了村落的機能。

更難堪的是，神子原出身的人以自己的村落爲恥。移居到金澤等地的人一旦被問起：「你家鄉是哪裡啊？」「羽咋。」對方若是再繼續問：「羽咋的哪裡？」他們也都含糊地回答說：「市區啊。」要是回說來自神子原，一定會被說：「你是從深山來的喔！」有的人因此忿忿不平，只因爲來自神子原，就遭到取笑是「野猴子」。

不以故鄉爲榮的村民……。和他們比起來，我的「失落」根本微不足道。於是，我告訴自己：「打起精神工作吧，不要再沮喪了。」

回到先前提到的「中山間地區等直接支付制度」。

我前往公民會館爲神子原地區的農家說明這項制度，大致說了一遍後，喝著農家爲我準備的罐裝果汁與大家閒話家常。當下親耳聽到許多現況，例如「每年米價都跌個不停」。

席間有人黯然說道：「我還可以再撐五年，但之後就難說了。」

我問道：「爲什麼呢？」

「你知道我們平均年齡幾歲了嗎？再過二十年就九十歲了啊。你覺得田地還能撐到那時候嗎？」

到了九十歲，確實沒辦法繼續工作，田地也會荒蕪。眞是令人吃驚啊。

田地若是成了廢耕地，由於無人管理，自然雜草叢生，有時甚至長出樹木來，再也難以清除。一旦如此，更沒有人願意前去處理。再加上這裡是冬季積雪深達兩公尺的豪雪地區，每個人都躲在家裡避寒。神子原地區在一九九五年關閉了小學，也因爲沒有新生兒而拆掉托兒所。整個地區邁向人口過稀高齡化的速度愈來愈快。

查了他們的一年所得後，更讓我說不出話來。知道有多少嗎？只有八十七萬日圓！大約是上班族平均年薪的五分之一而已。簡直低得不像話。因爲務農也賺不了錢，年輕人紛紛離開家鄉，前往金澤等城鎮，農家自然後繼無人。

行政無力，激起滿腔熱血

漫步在神子原地區的農村裡，印象最深刻的是背脊彎成九十度的老奶奶，拖著疼痛的腿，推著娃娃車蹣跚地走在陡峭坡路的身影。長年下田耕作而曬黑的臉上，布滿了深刻的皺紋。看起來如此孤單、難受。但這裡人煙稀少，不見任何人路過伸出援手。我並不認識那位老奶奶，卻忍不住把她當成自己的母親，視線始終離不開她，呆呆地望了好一陣子。心裡默默喊著：「加油，加油！」……。

我在其他地方遇見了丈夫過世的老奶奶。膝下雖然有孩子，但是覺得務農賺不了錢而離開了村子。前面提到神子原是豪雪地區，她在冬季便一個人住在偌大的農家裡，好孤單，好冷清，好落寞。

於是，一股歉疚之感油然而生：

「啊，眞是對不起大家。」

我也產生了疑問，像我們這些公務員究竟能做些什麼。人口過稀高齡化村落裡盡是孤單的老年人，爲什麼行政機關依然視若無睹？爲什麼公務員坐領薪水，卻不見有所作爲？這就是政府無能、行政無力的結果。農家翹首期待行政機關「是不是有解決的辦法？」一心盼望政府官員能伸出援手，可是政府拿不出有效的解決方案，村落才會凋零至此。即便如此，公務員依然聲稱：「我們做了很多事。」他們確實有做事，但只是表面功夫而已，完全沒有著手改變根本問題。他們就像以對症療法治療人類的疾病，絲毫不從治本做起。

我當時負責的「中山間地區等直接支付制度」是一項不錯的措施。可是無法徹底解決人口過稀高齡化、村落因收入減少而凋零等問題。這就像身體出現疼痛時，給予止痛藥舒緩症狀一樣，無法眞正去除造成疼痛的病因。因此，我深深感受到，唯有治本，才能拯救當前的凋零村落。這也激起了我的滿腔熱血，一定要趁村民還健在時爲他們做些什麼。

於此同時，二〇〇四年十月有一場市長選舉，最後由提倡「羽咋主義」，也就是「活用生長於羽咋、製造於羽咋的一切事物」、並將「活化人口過稀高齡化村落」列爲首要政見的橋中義憲先生當選新一任的市長。我與橋中先生是舊識，當我向他提起神子原地區的衰敗情形，他立刻與我討論如何實現政見諾言。因爲少了把我視爲眼中釘的上司，我在這裡反而不受干擾，得以專心工作。

編寫打動人心的劇本

神子原地區的廢耕地多達四十六公頃。過去曾經有一千人住在這裡，二〇〇四年卻銳減至五二七人。我不禁思考，為什麼村落會凋零至此？

原因很簡單，因為務農不足以溫飽。

如前所述，神子原地區農家的平均所得僅八十七萬日圓。一個人能在中山間地區陡峭地段從事農作的範圍，頂多兩公頃而已，不可能達到十公頃或二十公頃。收入自然不多，導致居民紛紛脫離農業，離鄉背井尋求發展。想當然耳，年輕人絕不會想要繼續務農。

當地高齡者比率為五四％，已成了極限村落。其中以菅池最為嚴重，高達五七％。當時已有「極限村落」一詞，指六十五歲以上的人口超過半數的村落，當這些人口持續衰老，整座村子最後就會消失。所謂極限村落，便是指難以維持村落機能的極限狀態。

一旦居民逐漸年老死去，村落就會遭到「廢村」而放下帷幕。

如果放任不管，村落就會消失。當居民年紀愈來愈大，農地也會跟著荒蕪。可是年輕人嫌收入少，一點也不想務農，也很少選擇留在羽咋市工作，大家只想前往距離羽咋西邊五十公里處的金澤。由於神子原地區的冬季降雪量多達兩公尺以上，阻礙了羽咋的交通，於是，當地人全都搬到了金澤。

留下來的老年人有年金可拿，多少還能繼續務農，但是當夫妻倆有一人過世，子女就會來接他們走：「爺爺，來山下跟我們一起生活吧。」由此可知，人口過稀高齡化的腳步愈來愈快，振興當地已是刻不容緩。

首先，必須徹底找出農業體系本身的問題，才能對症下藥。農林漁業這類第一次產業的最大缺點，就是無法爲自己生產的產品制定價格。一根花了一百日圓成本種出來的白蘿蔔，拿到市場去賣，也會面臨「受到全國白蘿蔔大豐收影響，只能賣三十日圓」的窘境。當下即賠了七十日圓。因此，第一次產業業者的致命傷就是沒有建立自己的生產、管理、銷售循環體系，容易受到市場波動所牽連。所以我認爲，一定要由生產者自行制定建議售價，才稱得上是眞正的產業。

既然如此，該怎麼做呢？就讓身爲第一次產業業者的農家一開始便照著自訂的建議售價販售。同時朝一．五次產業發展，將自己製造的產品加以加工，提高附加價值再販售。我覺得這項改變傳統流通方式的策略，才是拯救村落的治本之法。

原因是如果不能由農家生產並管理作物、建立自己的銷售循環體系、並且自行制定建議售價，根本無法與市場競爭。

隔年的二〇〇五年四月，市公所的農林水產課增設了「一．五次產業振興室」，目的在於將第一次產業的農業及漁業、林業的生產品經過加工提高附加價值，藉此轉型成「一．五次產業」。我與另一位職員共同負責大學交流事業、創造雇用調查事業、市場調查事業、品牌化事業、活化農山漁村事業等九項事業。至於羽咋市內人口明顯減少、愈來愈衰敗的神子原地區，市長也將兩大課題交由我處理：

①刺激人口過稀高齡化村落的發展。

②在一年內打造農產品的自有品牌。

「拚了！」我也只能放手一搏了。市長於我有恩，可不能丟他的臉，所以我一定要實現市長的政見。

一方面也是不服輸。之前說要「把你踢到農林課去！」的上司，在他的認知裡，農林水產課就是專做骯髒工作的爛部門。我也想讓他瞧瞧，不要小看農家的力量！

當我在思考具體方案時，曾考慮寫一部劇本，若是能拍成戲劇，想必也能帶動整個村落。我希望村民能參與演出。如果能寫一部內容充實的劇本，安排大家在村落裡做一些動作、說一些話，這麼一來，必定能動員整個村落。村子裡為什麼過去都暮氣沉沉呢？因為腦袋裡沒有先構思出一齣打動人心的戲劇。

「人體政治學」與「人體經濟學」

我們也試著將村落比喻成人類。

人類是構成社會的最小單位。當人類聚在一起組織家庭，就會蓋起房子。房子的數量增多，便形成村子或聚落。村子或聚落的規模愈來愈龐大，便成了鎮、成了市、成了縣，進而發展成國家。因此，發生在人類身上的情況，同樣會出現在村子裡；因爲村落的最小單位就是人。

假設有個村落在二十年來變得十分貧瘠，不妨把它當成自己又乾又瘦的左手。這樣一來，你會怎麼做？有兩種典型的解決辦法。一種是基於驅除害蟲的想法，砍掉沒用的部分，也就是將不好的部位全部切除。換句話說，請村民不要住在生活不便的豪雪地區，而是下來平原地帶居住——實際上，有些地方即採用了移居政策。

但是，請想一想。當自己的左手變得骨瘦如豺，你眞的會把那隻手砍掉嗎？應該是想盡辦法讓它恢復原狀吧。我們的想法就是採取後者的復健方案。既然人都能復原了，若是在村落裡實施復興措施，一定也能使它重新活絡起來。

我們也能將血液當成貨幣。人體所需的血液會運行至體內的重要部位。即便人體所處的環境改變，依然能夠維持體溫、調整血糖值與調節滲透壓等，使生存所需的重要機能保持正常運作。這是因爲「身體的危機處理系統」正在發揮作用。

如果發生在人類身上的情況，同樣出現在村子裡，那麼村子一旦受了傷，自然也能痊癒。若是能透過復健運動促進血液循環，也會將養分輸送到全身。對極限村落而言，復興運動相當於「流通」、血液則相當於「貨幣」。由此可知，村落最需要的不是金錢，而是復興運動，也就是流通。所以一定要想辦法聚集人群。

我們的構想便是基於「人體主義」的人體政治學以及人體經濟學。

如前面所提到的，人類是構成地域社會的最小單位，因此，千萬不能忽略人類的存在。如果五年來都沒有活動過手指，它就會萎縮。同理可證，凋零的村落或農村聚落也是因為沒有任何活動而逐漸貧瘠。若是能透過活動促進血液循環，也能藉此將包含血液在內的養分輸送給附近的細胞。

此外，右手與左手並不會吵架。右手不可能拿著刀死命刺著自己的左手，還高聲叫好：「太好了！死對頭左手終於掛了！」也不會有人拿鋸子發狂地鋸斷自己的左腳，並用一隻腳跳著歡呼：「太好了！死對頭左腳終於掛了！」因為全身會感到劇痛，極力想要恢復原狀。

市公所看著眼前的人口過稀高齡化村落，並沒有感受到它們的疼痛。想想如今的人口過稀情況，村子裡一定有不少人去樓空的房子。既然空下來，那就租給別人，讓都市居民或年輕人移居此地。這就是所謂的對症療法。

這種想法便是「人體主義」，是取代當前資本主義的最新主義。發生在人體內的情況，同樣會出現在整個地球上。仔細觀察細胞，會發現它們透過犧牲自我來幫助其他細胞，藉此維持整個身體的機能。如果把每一個細胞當成農村聚落裡的每個人，推行所需的運動時，便需要一定的金錢流通，也就是血液循環。村裡出現問題時，每個人都要想盡辦法加以治療。但願我們能抱持這種生活態度。如果每個細胞都自私自利、只爲自己而活，就會引發癌症。癌細胞最後會侵蝕整個身體，使母體因此死亡。

戰後的日本發展出一套哲學。當時人胸懷大志，決心讓戰敗國重新振作。但是在現代人身上，幾乎看不到這股氣魄。

一般公務員並沒有看到村落的現況。他們害怕這麼做會被部長罵、那樣說會挨課長罵，所以只看上司的臉色辦事。他們幾乎不會去現場看，才會做出一堆蠢事。

我則是不一樣，除了思考極限村落的缺點之外，也會找出它的優點。例如手機訊號不良時，可以轉念一想：「在這裡可以放慢步調，不受手機干擾。」諸如此類。我就是這樣努力將一切想法轉負爲正。

光靠開會或印製印刷品絕對無法改變聚落及城鎮。首要之務是激起職員的熱忱，讓他們秉持信念，將振興城鎮或村落視同振興各地公所。

因此，我的目標是「打造能留住年輕人的城鎮」，構築自給自足的農村聚落，具體計畫如下：

①從大規模市場流通體制轉爲個別流通體制，把利潤所得直接還本給農家。

②促使農產品建立具有地方特色的自有品牌。

③設置「直銷站、加工所、集貨場、停車場」等設施，創造雇用機會。

我將這項計畫命名爲「山彥計畫」[3]，期盼將神子原地區改造成熱鬧的人口過稀聚落，並爲神子原地區的農作物建立自有品牌，轉型爲一·五次產業。

3 「山彥」為山神、山靈之意，亦指山谷回音。

不開會，也不寫企畫書

一般在擬定如此大規模的計畫案時一定會召開會議。不過，我沒有為此舉辦內部會議。

在此之前，市公所祭出了各項措施防止人口過稀高齡化。他們並不是沒有作為，也召開了幾十次會議，有時甚至超過一百次。他們也成立了審議會，可是，開了幾千次會就能改變村落嗎？該不會誤以為有開會就功德無量了吧？

所以我不開會。

他們也會製作大部頭計畫書。但是，製作一本好幾百頁的計畫書就能改變村落嗎？根本不會。那不過是委託顧問專家規畫地區復興的計畫案罷了。想必整部計畫書都用電腦後製得美輪美奐吧？其中一定有打動人心的標語或色彩繽紛的圖表吧？然而，這部計畫書僅僅是一份印刷品。如果能靠印刷品改變整個社會，那麼神子原地區、石川縣，甚至日本應該會更美好。因此，我的計畫書只用了一張A3的紙，上面寫著活化地區的五年計畫。

我們缺乏的是什麼呢？我們完全沒有行動力。即便擁有知識與資訊，卻少了行動理念。袖手旁觀的話，村落就會「自然消滅」。就算對人口過稀高齡化一事哀嘆了一百年、就算召開無數次會議、支付了昂貴顧問費用、印製了一千本堆積如山的精美計畫書，村落也不會有絲毫改變。就像天花板上的電燈泡壞掉一樣，不管開了多少會、做了多少本計畫書，村落的前景也不會大放光明。一定要有人搬來梯子，換掉電燈泡才行。

我決定只用六十萬日圓預算。

一般來說，想要活化農村聚落至少要花六百萬日圓。當我向市長報告，他果然問我：

「你知道這是我的重要政策吧？金額是不是少了一位數？」

「沒問題的。」

沒問題才怪啊。但是我心想，有了六百萬日圓就能活化整個地區嗎？總要做了才知道。重點是，我不希望有藉口。「沒辦法，因爲預算不夠。」「沒辦法，因爲上面說『NO』。」世人總會找一堆理由，怪罪其他人事物害自己辦不到。可是，我不喜歡做這種丟臉的事，所以故意將預算定爲六十萬日圓，把自己逼到火燒眉毛的境地。不過，我倒覺得這時候可以激發人的潛能。我喜歡做別人辦不到而放棄的事，反而會燃起滿腔鬥志。

對上司先斬後奏

除此之外，我也思考過市公所裡的怪現象。爲什麼神子原地區的人口過稀高齡化比率高達五四%以上？市公所等機構如果能確實發揮作用、提出解決方案，應當不至於如此。爲什麼會放任情況惡化至此？或許是市公所判斷錯誤所致。

於是，我向市長提議：

「我不會提交簽呈與批文，請問這樣可以嗎？」

過去在推行新計畫時，總是要提出簽呈詢問：「請問可以進行○○嗎？」才能有下一步行動。爲了擺脫人口過稀高齡化的困境，市公所的確實施了許多政策。可是，現實情況是神子原地區的人口過稀高齡化比率高達五四%以上。農家的生活一年比一年糟糕，代表過去的負責人做出了一連串錯誤的決定，導致推行了錯誤的政策，才會數十年來不見任何改善。

最令我不可思議的是，竟然還得向長久以來做出錯誤決定的人提交簽呈再詢問一次。跑簽呈途中，又會遭到企畫財政課、總務課等部門的質疑而停下來：「爲什麼一定要這麼做？」市長交代我：「一年內要做出成果。」但是按照過往的批文方式，未免太耗時間了。因此，我決定自己先做，事後再向上級報告。

市長雖然問我：「你這是什麼意思！」最後還是能夠理解我只用六十萬日圓預算當擋箭牌的理由，以及做完之後再來報告的「見招拆招」方式。舉例來說，我常常在市長的行程表裡安排了臨時行程。一旦決定要會晤重要人士或前往某地考察，就會突如其來對市長說：「請您明天去一趟東京。」

市長對這一連串出乎意料的事，想必感到很爲難。然而，公僕的職責就是替公衆服務，更何況市長是公僕的代表，所以他還是認同我的決定。再說，對市公所而言，預算低反而在工作上較不受限，我不過是利用這一點罷了。

「你來一下。」有一次決定出差後，突然被副市長叫過去念了一頓。因爲出差費申請單據轉到了他手中。他一見到我，一臉不悅地劈頭問道：

「這是誰准許的！」

「是我。」

「什麼時候決定的！」

「剛剛。」

「剛剛？財政課長知道這件事嗎？」

「他有蓋印章，我想他剛剛已經知道了。」

「總務課長呢？」

「這裡也有他的印章，我想他剛剛也知道了。」

「誰准你用這種方式聯絡的！爲什麼不事先開會！你這套在縣政府根本行不通！」

我很尊敬這位上司，但是他很固執，因爲他是從縣政府來的，凡事都要按照縣政府那一套去做。這樣的人往往會鉅細靡遺地詢問各項細節，卻不打算理解對方的想法。一個組織裡確實有無法理解對方想法的人，但也有完全不想理解對方的人。如果想要說服這種人，通常付出龐大時間心力也不見得有成效，實在很麻煩。不過最後他只得勉強接受我出差一事。

話說回來，過去手握決策權的那些人如果做出正確的決定，聚落應該不至於衰敗至此，這也是我心裡最大的疑問。到底哪裡不對勁？該做的事情不做，專做一些不至於不該做卻無關緊要的表面工夫。他們一點也不想從本質著手改變。即便我想要從本質改變村落，「不可以，過去沒有前例！」「要是失敗了，誰來負責？」他們也會群起反對而不願批准。於是，我必須花更多時間說服更多人。一旦四處詢問：「請問可以進行○○嗎？」原本能做的事情也都沒有下文了。

「只要不犯法，一切由我負責」

儘管如此，能夠讓我無視工作規則放手去做，除了市公所裡有市長相挺之外，還需要理解我的人。當時最常替我擋下一切的，便是農林水產課的上司、池田弘課長。池田課長相當欣賞我在「COSMO ISLE羽咋」的工作表現，對我期許甚高：「高野這男人很厲害，單槍匹馬跟NASA交涉，就能帶來月球石頭、買來眞正的火箭。交給他去做，一定能幹出一番成績吧。」因此，他平時總是對我說：「有什麼點子就放手去做。」就算使出公務員不可能有的「見招拆招法」，也要讓我自由發揮。

最令我感動的是他所說的一番話：

「我還有三年就退休了。這段期間你要怎麼做都行，只要不犯法，一切由我負責。」

一般來說，絕大多數公務員都不想擔起責任，「要是失敗了怎麼辦？」「要是被議會罵到臭頭怎麼辦？」更何況是即將退休，大部分人寧可選擇安安穩穩度過剩下的日子，絕不希望晚節不保。池田課長卻容許我在他退休之前興風作浪、引發爭議，爲了農家付出一切在所不惜。這番話猶如強心劑，池田課長願意成爲我的堅實後盾。我從來沒遇過這麼有擔當的公務員。

池田課長當初便是因爲愛知萬博那件事，負起連帶責任與我一起遭受訓誡處分。農林水產課的工作並不包括愛知萬博，由於我的人事異動，竟然讓直屬上司跟著我一起受辱。

「只要不犯法，一切由我負責。」

這句話觸動了我的心弦。使我下定決心，千萬不能丟池田課長的臉。

事實上，在二〇〇五年四月增設「一．五次產業振興室」之前，我進行了兩項工作。

第一項是響應當時小泉純一郎首相的構造改革特區政策，也就是透過放寬特定地區在法律及制度上的規定，以達到活化地區的目的，我的工作便是替當地申請特區並取得認證。那時是二〇〇四年十二月八日，通常這類申請須知會縣政府再進行，通知只要一分鐘，正式執行卻得花一星期時間。如今申請時只需直接聯繫內閣府的特區負責人即可。

特區的名稱爲「羽咋超簡易務農特區」，並將新進務農者購買農地時的最小面積降爲五千平方公尺至一千平方公尺，可讓大家更容易來羽咋務農。由於降低了務農的門檻，縣內自不用說，來自縣外的新面孔也較容易爲了務農而來到羽咋。石川縣內取得特區認證的地方並不多，這便成了獻給新市長橋中先生的一份大禮，同時在市民心中留下良好的印象：「新市長很會做事啊！」「他的選舉政見說要重視農業，眞的沒騙人啊！」

另一項創舉則是「活化神子原地區」的第一彈——「閒置農地與閒置農家資訊銀行制度」。

第二章

打動人心。

——只靠六十萬日圓就脫離極限村落

如何接納外地人

爲了活化羽咋市神子原地區的人口過稀高齡化聚落，首先展開的復興措施，便是二〇〇四年十一月成立的「閒置農地與閒置農家資訊銀行制度」。

我在上一章提到了將村落比喻爲人體，並與各位分享如何治療孱弱聚落的構想。治療方法有根本治療與對症療法兩種，若是想要活化人口過稀高齡化聚落，我認爲對症療法也有效果。對症療法指的是一旦發燒，便以退燒藥減輕症狀的方式。由於許多人離開村落，留下爲數衆多的空屋以及成了廢耕地的遊休農地[1]。是不是可以把這些租借給都市居民呢？

我立刻召集了一百多位農家，在地區的集會場舉辦說明會。

「各位的孩子和親戚都不住在這裡，留下了許多閒置的房屋。而這些沒人住的房屋又髒又破、田地也都荒廢了。所以我想將這些房屋及田地租借給嚮往慢活的都市居民，讓他們來維護房屋以及維持農地使用，各位也能與他們溝通交流。租借項目包含農地，不論面積大小，一個月租金上限兩萬日圓。同時也會要求新居民將戶籍遷到羽咋市……。」

突然有一個人打斷了我的說明：

「高野先生，這根本行不通啊！」

其他人聽了也紛紛點頭附議。

「外地人會擾亂村子的秩序啦！」

「怎麼說呢？」我問道。

「我們在戰爭期間歡迎外地人來村裡疏散避難，結果感覺非常差。早上不打掃也就算了，連重要的慶典也不參加……。外地人來了只會擾亂村裡的秩序，我再也不想領教了！」

「沒錯，我們不想跟那種人一起生活！」

「怎麼可以隨隨便便借給外人！」

集會場裡罵聲四起。

1　日本將遊憩用地、休耕地、廢耕地等合稱為遊休農地。

鄉下人彼此間的情誼十分濃厚，與左鄰右舍的利害關係也非常緊密，一定得遵守村裡的規矩。從前來村裡疏散避難的人不守規矩，傷害了村民的情感，直到現在都還留著不愉快的回憶。因此，讓不守村裡規矩的人留下來，對村民來說是一大麻煩……。

這時，另一個人提出了意見：

「還有，佛龕怎麼辦！閒置的房子裡也有佛龕啊！」

「我兒子在中元節和新年正月都會回來祭拜祖先，就算房子沒人住，也要保住佛龕啊，怎麼可能借給外人！」

在鄉下確實非常重視祭祖。雙手合十對著佛龕祭拜，也成了重要的習慣。因爲家裡有佛龕，所以不能借給外地人。既然如此，乾脆讓住在遠地的孩子把佛龕帶走……。想是這麼想，但佛龕體積龐大，他們的小孩應該不會願意吧。可是也不能就這樣扔了……。

「住在村子裡的是我們，不管這裡變得多麼荒涼，也不可以隨便叫人家來！」

想要說動村民眞的不容易。「山彥計畫」第一彈一下子就碰壁了。

透過「拔魂」儀式告慰祖先之靈

對鄉下人來說，維護佛龕是一大問題。因爲有佛龕，所以不能把房子借給外人。這一點可以理解。可是，我們沒有經費另外蓋大樓或集合住宅吸引外地人移居。我也認爲對都市人而言，農家才是他們想要的住家，加以整修後，便能在此享受田園樂趣。到底有沒有好辦法解決問題呢……。

於是，我想到了「拔魂」儀式，並向大家提議：

「請僧侶來舉行『拔魂』儀式吧？」

村民似乎第一次聽到這個名詞，不禁當場愣住。我繼續說道：

「佛教有一種儀式，先將祭祀在佛龕裡的祖先靈魂請出來，再全部請到一個牌位裡。這樣一來，原本的佛龕就成了普通的木箱子，往後讓令公子夫婦將安放所有祖先靈魂的牌位帶回家就好了。一般正統的和尚一定知道這種儀式。」

「還有這種儀式哦……？」

「這方法好像不錯。」

總算說服了幾個人。

「不行，想想還是行不通！佛龕或許可以這樣處理，但是外地人隨便亂搞，會破壞村裡的秩序啊！」

年長的農民一臉嚴肅地說著。

我不禁陷入沉思。

當時由於情況緊急，所有村民都不得不接納來村裡疏散避難的群眾。但是來到村裡的人不願參加當地村民重視的慶典，早上也不太打掃，想必更不樂意幫忙農活。因此擾亂了彼此熟識、一有困難就互相幫忙、向心力極強的村落生活。

既然如此，讓願意遵守村落規矩的人來就好了吧？讓村民挑選適合的人選就不會有問題吧……。

我試著向大家建議，問題隨即解決。

居民可依喜好選擇入村者

人口過稀地區都會試著在全國各地呼籲年輕人前來，並且提供一百萬日圓至兩百萬日圓的準備金給有意移居者，盼能藉此招攬志願者。

但是我們的做法有些不同，絕對不會低聲下氣地請求：「拜託大家前來捧場。」

「歡迎大家來，但是要先通過測驗。」

這就是我們的方式。由聚落裡的人挑選適合的人來村裡，並不是誰想來就來。

我們先在全國版報紙上刊登這項消息，不久便收到三百封以團塊世代[2]為主的詢問信。我們接著請申請者填寫資料，除了寫下想住在河川附近、屋子裡一定要有地爐、希望能有一口井等居住條件之外，也請申請者寫下為什麼想來神子原，以及想在神子原做些什麼。我們便以此為重點加以審查，篩選出七十戶。最後再請各個農家邀請條件接近的幾戶人家來村裡內部參觀。一處農家最多甚至有二十四組報名參與。這時候，村裡的

2　指日本二次戰後第一個嬰兒潮，即一九四七年至一九四九年間出生的人口。

居民也會前來向參觀者打招呼，之後便偷偷在一旁觀察。等參觀者回去了，大家立刻聚在一起討論。

「我不喜歡那位太太的態度。」

「那一家不行吧。要是讓那種人來我們的所在（聚落），肯定會出問題。」

大家七嘴八舌，事不關己似地替參觀者打分數。很有趣吧？也有人說道：

「啊，我忘了問那個人是不是大學畢業！」

眞的很好笑。村民似乎有意招攬優秀人才，他們覺得一定要大學畢業才能進村裡。

如果大家一致同意「希望某人來村裡」，我們會再面試一次，同時請對方來集會場，由村裡的幹部坐在坐墊上圍著他一一詢問。可憐兮兮的申請者當然緊張得很。

「聽說你們想來這裡，有什麼目的嗎？」

「我想以農業爲生。」

「以農業爲生？怎麼做？」

所有人紛紛拋出尖銳的問題，追根究柢詢問申請者是否有決心成爲村裡的一員、是否擁有前來村裡的正當動機。

到這一關之前已經刷掉了不少人，競爭率激烈時高達二十四倍，低的時候也有四、五倍。申請者打敗衆多競爭者後，就得挑戰村落幹部的面試。其中也有來自巴西等國家的申請者。當然也有人在最終面試這一關被刷下來，眞的很嚴格。不過，一旦通過最終面試，幹部就會一改嚴厲的態度，溫暖地歡迎新人：

「好，從今天起，你就是我們這所在的人啦。」

爲什麼面試要如此嚴格呢？

全國各地有不少招攬年輕人前往人口過稀高齡化村落的案例，但是我們想瞭解難以爲繼的原因，所以不會參考成功的經驗，而是著手研究失敗的案例。

例如免費提供房子、甚至捧著一兩百萬日圓拜託申請者前來。那些村落現在還這麼做嗎？並沒有。僅維持兩三年而已。爲什麼呢？因爲這麼做只會吸引「顧客」上門。聚落想要的是能和村民一起用割草機除草、一起清理村落溝渠、一起揮汗如雨、一起同甘共苦、一起融入大家庭參加村落慶典的人。而官方往往忽略這些細節，處理得太過粗糙。

拿了一百萬日圓來村裡的人，始終難以改掉高高在上的氣焰，認爲「是你們拿一百萬日圓下跪求我來的」而瞧不起當地村民。

村裡的孩子，就是大家的寶貝

決定合格者之後，市公所會聯繫及協調遷居各地的土地所有者，重新擬定契約書。市公所不會出一毛錢，但是會替新居民鑽到地板下方檢查水管有沒有漏水、或者調派兩輛小貨車搬運前屋主留下來的衣櫃與鏡臺等大型廢棄物。不過，修繕則由新居民負責。

申請者大多是從公司退休、想要在山水田園中度過餘生的人，也就是夢想退休歸農的族群。可是，這些人不久便年屆六十五歲，無助於改善聚落的高齡化問題，所以我們會請他們住在神子原以外的地方。至於高齡化比率最嚴重的菅池，我們只接受三十世代的人入住。

申請者決定入住後，我們會請市長與聚落裡的所有成員來新居民家裡，舉辦一場熱鬧的宴會。大家同席對酌、飽嘗美食，一下子就消除了彼此間的隔閡。當我們研究其他地區的失敗案例時，發現不少案例並沒有將新人介紹給當地村民。感覺就像這樣：

「好啦，這裡就是你們的住處。那麼請隨意，再見。」

於是，有的新居民好不容易前來定居，卻因爲無法與聚落的人打成一片，最後待不下去又離開了。由於新居民一下子從人際關係疏離的城市來到人情味濃厚的鄉村，更應該多注意這方面的細節。但是房地產公司不會這麼無微不至，所以由我們來做。

從二〇一五年至今，已有十三戶共三十九人移居神子原地區。全都是從石川縣以外遷來的。我們會請前一任土地所有者維持農家及附屬農地的原貌，當新居民的農業知識愈來愈豐富、技術愈來愈純熟，他們便開始擴展農地，很快就減少了荒廢的遊休農地。當三十世代的年輕夫妻來到村裡，村落的高齡化比率隨即下降。他們若是生了孩子，高齡化比率會更低。當愈來愈多年輕人來到村裡，就能使村落不再名列六十五歲以上的年長者超過半數的極限村落。由於這項措施，高齡化比率最高的菅池在二〇一〇年降至四七．五%，順利脫離了極限村落的行列。如今還有幾十戶人家排隊等待移居，但目前沒有閒置的農家了。眞是可喜可賀。

儘管如此，他們來到村裡後，一定得自食其力，光靠村民接納是不行的。

其中最令我感動的是高齡化比率最高的菅池，十八年來都沒有小孩子，但是來自岐阜縣、三十世代的武藤夫婦在這裡生了一個小女兒。小嬰兒出生後，一口氣拉低了村落的平均年齡。

武藤夫婦並沒有特別請人照顧小嬰兒，但是小嬰兒吵鬧時，附近的老奶奶會主動過來將她從搖籃抱起來，繫上嬰兒背帶，將小嬰兒背在身後，「叩、叩、叩、叩」地拄著枴杖往山裡走去。等小嬰兒不哭了，再輕輕將她放回搖籃裡。要是小嬰兒又哭了，這次換別家的老奶奶過來，背起小嬰兒去田裡散步。村裡每個老奶奶都十分疼愛她。

要是在東京，也許會報警而引起一陣騷動：「有人隨便帶走我的孩子！」可是在村子裡，小嬰兒除了是爸爸媽媽的心頭肉，也是聚落裡的心肝寶貝。

人口過稀村落並不是一無所有，實際上蘊含著無比強大的教育力量。

說重話震懾對方

農業的最大缺點，便是生產者無法替自己生產的作物制定價格。一根花了一百日圓成本種出來的白蘿蔔，當天就因爲其他地方的白蘿蔔大豐收而只能賣三十日圓，一下子賠了七十日圓。誰來補償其中的虧損呢？並不是ＪＡ（農協），而是第一次產業業者，也就是農家。想要解決這個問題，我認爲只有讓農家自行制定建議售價，並且設置銷售農產品的直銷站。這是拯救衰敗村落的治本之法。因此，農家只能脫離ＪＡ與市公所，自立自強……。

二〇〇五年四月，市長一宣布活化極限村落的「山彥計畫」，我便立刻前去拜訪ＪＡ會長。由於我無法忍受現行體制太過剝削農家，一見到會長便開門見山說道：

「您不覺得最近的ＪＡ很不合理嗎？」

會長頓時愣住，問道：

「你是專程來跟我吵架的嗎？」

「我不是來吵架，我是來說眞話的。」

「什麼意思！」

「神子原地區的農家拚了老命務農，收入也只有八十七萬日圓。但是ＪＡ的那些職員，一個人的年收入就有五、六百萬日圓，比一般上班族還多。各位過去花在農家身上的錢有這麼多嗎？米價每年都在跌，爲什麼ＪＡ的職員不減薪呢？」

我知道ＪＡ過去做了許多事，但是都沒有成效，才導致如今的慘況。所以我故意對會長說重話。不下一劑猛藥，對方既感受不到，也毫無反應。好聲好氣地勸說，對方也不會認眞聽進去吧。會長依舊沉默不語。

「今天來拜訪會長是爲了表達我的心情。從現在起，我們會用各種方式活化衰敗的農村聚落，期間也許會遭到批評與反對，但請您拭目以待。」

雖然直到最後還是沒有獲得會長正面的回應，不過我也是很通情達理的。畢竟還是希望ＪＡ能夠從旁協助，沒有必要與對方爲敵。

遭農家痛罵而孤立無援

接著來到神子原地區向農家說明。

神子原的公民會館裡聚集了一六九戶農家。市公所方面派出池田課長與我爲大家說明。我開始對農家解釋從今以後必須自立自強的理由，以自行車比喻的話，就像卸除

JA與市公所這兩個輔助輪，往後要由農家自行制定農產品的價格並銷售。這時候，立刻有人插嘴：

「喂，今天的說明會不是要談新的補助金嗎！」

「不是。」

我回答著，繼續往下講。

「你在講什麼東西！」

「要農家自立自強，怎麼可能啊！」

奚落聲此起彼落，謾罵聲接連不斷。

大部分人都以爲靠土地爲生的農家多半是沉默寡言的老實人，事實並非如此。其中有剃掉眉毛、穿著雪駄[3]、一臉兇相的人；也有舉止像長不大的不良少年一樣粗魯的人；還有從前工作態度馬虎隨便，因爲父母過世了，才不得已繼承家業返鄉務農的人。

不過，我不能就此退縮，繼續往下說明。

3 竹皮製成的夾腳式鞋履，中間層為榻榻米材質或皮革，下層以堅實的牛皮或象皮當鞋底。

「拿掉市公所跟ＪＡ這兩個輔助輪？你以爲這樣就能把米賣掉嗎？」

奚落聲依然不斷。

「你根本沒下過田吧！」

「沒在種米的人說這什麼鬼話啊！」

「自己來賣米？能賣的話你賣給我看啊！」

「給我叫顧客來啊！」

大夥兒明顯怒火沖天，所謂的四面楚歌，就是這種情景。

「請聽我把話說完，等一下我會回答各位的問題。」

「誰要聽這種鬼話啊！」

農家的反應一如預期，因爲我說的和前人完全不一樣。然而，想要擺脫目前年收入八十七萬日圓的窘境，只能由生產者自行建立生產、管理、流通體系，也就是設置直銷站。因此，就算被罵得體無完膚，我也要堅持到底，向所有人說明。

「各位永遠都不打算拆掉ＪＡ和市公所這兩個輔助輪嗎？差不多該拆了吧？拆了之後去哪都行啊。難道各位要袖手旁觀，眼睜睜坐視整個聚落消失嗎？」

我也向大家強調了一點。

「這段期間一定會失敗好幾次。但是失敗了，往後才能順利前進。」

每個人剛拆掉自行車輔助輪時都一定會摔倒，因而受傷喊痛了好幾次。但唯有如此，才能學會騎車。天底下沒有一帆風順的計畫書。如果有，肯定是前人早已做過。所以我們要靠自己，打造一個獨立自主且自給自足的農村聚落，不要再透過ＪＡ銷售農產品，而是自行制定建議價格、自行銷售，再轉型爲一．五次產業，推出農產加工品。

當我說明完畢，有人問道：

「要做這項事業有多少預算？」

「六十萬日圓。」

我回答之後，場內的怒火瞬間平息，不知道該哭還是該笑，現場氣氛立時降到冰點。

大家肯定心想：「這點預算怎麼可能做得起來？」連生氣都顯得愚蠢。

最後，我們投票表決是否贊成這項提案，結果一六九戶人家中，贊成的只有Ｔ先生、K先生、H先生這三戶。於是，我負責保管及銷售他們三人在二〇〇五年收成的五十俵（三千公斤）新米，下定決心自己示範給大家看。

「你就賣給我們看看，賣出去了，我們才會相信你。」

「到時候我們就照你說的生產、管理和銷售去做。」

我回答道：「我知道了，一言為定。」

到底該如何說動別人呢？唯有自己先做做看，再讓對方跟著做，引起共鳴後才能帶動其他人。既然是我們提議的，當然由我們自己來賣米。不過，該怎麼做才能把秋天收成的米賣出去呢……？接下來得好好想一想！

以CIA戰略向媒體宣傳

儘管說明會的結果一塌糊塗，一同列席的池田課長卻沒有半句怨言。因為他對我寄予厚望：「高野會想辦法解決的。」但他總是把「我還有三年就退休了」這句話掛在嘴邊，希望我一定要在他三年後退休之前做出成績。所以我決定提早一年展現成果。

事實上，在說明會之前，我已經先跟村裡德高望重、深得村民信賴的T先生談過了。我認爲一定要先跟他好好溝通。同時也取得了他的認可：「我也覺得不能再這樣下去了。」「既然如此，雖然預算不多，是否能請您協助、一起推動呢？」

然而，一六九戶裡只有三戶贊成。我到底要怎麼打動剩下的一六六戶呢……？

像這種場合，不可能出現百分之百贊成的局面，一定會分成贊成、反對、沒意見三組人馬。贊成者自不用說，另外，只要能夠說服反對者，實際上也很容易打動他們。最麻煩的是沒意見的人。因此，我們希望盡量把反對者拉到贊成者的陣營，並且盡量減少沒意見的人數。而這只能靠耐心了。

我過去讀到的美國CIA戰略，此時便派上用場。那是一九五三年召開的「羅伯森小組」（Robertson Panel）報告。內容詳述了如何使人服從，該採取什麼策略才能將群衆帶往某個方向。當時心想，只能借重這套方法了。這是美國國防部首長與獲得諾貝爾獎的物理學家、天文學家等美國菁英閉關了兩個多星期研擬出來的戰略，自然令我獲益匪淺。

這份報告指出，人之所以會一股勁地往一個方向前進，主要是內心受到眼睛與耳朵接收到的訊息所影響。換句話說，想要動員一個村莊、一個聚落，在村落裡不時製造話題焦點即可。因此，只要在各處散布來自神子原的新聞就好。所以我們在當地報紙及其他媒體上發表了好幾次有關神子原的消息，例如「神子原發生了什麼」「在神子原做了些什麼」。

不過，媒體的效果僅維持兩個星期便冷卻下來。若是能在居民差不多快忘記時，一而再、再而三地散布，相信原本反對的農家也會改觀：

「那些人似乎是玩眞的——。」

外人說的話更有說服力

我們的做法是邀請當地的金澤大學副校長與十五名教授來神子原，召開以「活用地區資源」爲主題，探討如何活化村落的鎮民會議。這麼做就能立刻活化村落嗎？答案是否定的。我們的目的是向聚落的人顯示決心：「那些人是來眞的！」「這還是第一次有人邀請大學副校長來啊。」「他們眞心爲我們的村子著想。」

當大學教授極力讚賞：

「神子原是很美麗的地方，不應該捨棄呀！」

村民就會開始省思：

「眞的嗎……。」

換做是我們，說破嘴都沒用。日本人往往輕忽身邊人所說的話，鄉下地方更是如此，總認爲當地人說的話不值一哂。即使市公所的人苦口婆心地說著，村民也始終認爲市公所沒有認眞替他們著想，因爲JA和市公所至今毫無作爲，村裡才會一點改變都沒有。但是，由第三者來說的話，村民就會改觀：「說不定眞是那樣吧？」這時候，外人更可靠哪。

「他們又在說我們家的神子原了。」

如此一來，我們就能逐漸打動聚落的人，認同的人也會愈來愈多。

關係親近的人只會看到彼此的缺點，往往忽略了對方的優點。一味批評自己孩子的父母比比皆是，像是說小孩早上賴床、不讀書、太懶散、不爭氣等等，卻說不出他們的優點。直到附近的婆婆媽媽跑來說：

「你們家的孩子真乖啊，之前把神社的院子打掃得很乾淨喔。」做父母的才知道自己孩子的好。因此，外人說的話，會比自己人說的更有說服力。組織也是一樣，所以我們才會援請外人以第三者的角度從旁支援。

學習知名直銷站的「行銷創意」

我們接著來了一趟考察之旅，參觀成功創造農業新商機而賺進上億營業額的直銷站。

地點是愛媛縣內子町的「KaRaRi」（からり），以及茨城縣筑波市的「瑞穗村市場」（みずほの村市場）。

內子町的「KaRaRi」是著重「履歷追溯體系（Traceability，食品產銷的所有流程可追溯、追蹤制度）」的直銷站，不僅獎勵減農藥栽培法讓消費者吃得安心，也銷售許多標榜「新鮮、安全、安心」的農產品，吸引不少顧客上門。「KaRaRi」建立的體系是由生產者公布所使用的農藥及肥料相關資訊，「KaRaRi」檢查是否有農藥殘留後再對外銷售。最大的好處是消費者可利用直銷站裡的電腦或上官網查詢產品的生產履歷資訊。

筑波市的「瑞穗村市場」，是農業法人瑞穗社社長、長谷川久夫先生於一九九〇年開設，成立的目的是希望消費者趁新鮮品嘗美味的農產品。瑞穗村市場有五十四名農業經營者會員，將自家栽種的農產品直接送到直銷站，儘管蔬菜價格比市價貴兩三成，但是標榜「超市蔬菜絕對品嘗不到的天然原味」，一年間吸引了三十萬人次前來購買，回客率也相當高，一年商機高達七億日圓。直銷站裡也有無農藥蔬菜等農產品，是一間「再貴也能賣到翻」的直銷站（以上數字為二〇一一年調查的結果）。

六十萬日圓的預算中，我們花了五十三萬日圓租用巴士考察這兩處直銷站。剩下的七萬日圓則當作第二次前往東京的旅費。

我們帶了約二十名農家前往「瑞穗村市場」。當時有幸見到長谷川社長，他擁有一套明確的經營理念，想法令人折服。

直銷站就是「農家以農業一較高下的場所」，通常會由兩人以上栽種同一個品種，彼此展開銷售競爭。先推出小黃瓜的人如果賣三根一百日圓，後出的人就得以同樣價格或定出比前者更高的價格才能出貨。如此一來，賣家便不會削價競爭，而是以品質決勝負。長谷川社長真是不簡單，實在是一位手段高明的聰明人。此外，賣家可分得八五％收益，剩下的全歸「瑞穗村市場」。

「務農也能賺這麼多嗎？」

大家似乎嚇傻了。不知道他們能不能瞭解社長這套理念的高明之處……。不過，他們說不定隱約感受得到：

「高野就是要我們做直銷站吧？」

我們在愛媛縣內子町遇見了種植香菇的農家，這位阿姨也很厲害。

「你們來我的賣場看看吧。」

一行人應了她的邀約前去參觀。她問道：

「這邊有售價一千三百日圓的大包裝香菇、和九百日圓的小包裝香菇，如果這兩樣產品擺在一起，你們會選哪一個呢？」

於是，大家都回答：

「一千三百日圓的吧。」

「大包的分量多，比較划算吧。」

阿姨說道：

「這九百日圓的小包裝只是樣品哦。」

每個人聽了都大吃一驚：「什麼──！」

站在生產及銷售的立場，自然希望顧客能買一千三百日圓的大包裝。既然如此，把分量少的定爲九百日圓、分量多的定爲一千三百日圓，兩種包裝擺在一起銷售，顧客會選哪一種呢？當然是一千三百日圓的大包裝。雖然比小包裝貴了四百日圓，但是分量這麼多，讓人感覺十分划算，忍不住就買了。這位阿姨爲了引誘顧客，便故意擺了一包九百日圓的小包裝。

詢問之下，才知道阿姨之前透過ＪＡ銷售香菇時，夫妻倆辛勤工作了一整年，收入也僅有四百萬日圓，他們的兒子自然不願意繼承農家。不過，自從他們直接在直銷站銷售農產品，年收入輕輕鬆鬆即超過一千萬日圓，兒子也願意回鄉了。阿姨對我們說了這段親身經歷。我想讓神子原地區農家看的，就是這位阿姨不倚靠ＪＡ、憑自己努力耕耘的模樣。

長谷川先生的直銷站值得借鏡，在「KaRaRi」賣香菇的阿姨也值得效法。我深深體會到，具備過人的手段與戰略確實能在競爭中脫穎而出。

我們除了參觀直銷站之外，也帶了好幾位農家去隔壁的富山縣，考察冰見市的長坂地區所實行的梯田認養制度。這項制度是以一百平方公尺三萬日圓的價格讓顧客成爲梯田的認養人，並請顧客前來體驗五月的插秧以及九月的割稻，收成時再將稻米寄給各個認養人。當地農家因而對自己的聚落產生信心與自豪，這個認養制度同時也因帶動地區活絡而蔚爲話題。

我問了大家：

「有什麼感想嗎？」

「這點事情，我們也能做到啊！」

聽到有人這麼回答，我心想：「太好了！」於是對他說道：

「那麼，要不要試試看！」

英國大使館員成了梯田認養人

所謂的「梯田認養制度」，就像前面所介紹的富山縣冰見市長坂地區所做的一樣，讓都市居民成爲梯田的認養人。

神子原地區以羽咋市的梯田數量最多，我們的認養系統便是與認養人簽約，三萬日圓可獲得一份梯田出產的四十公斤稻米，到了插秧及割稻時期，會請認養人下田耕作，最後將收成後經乾燥處理的四十公斤稻米寄給認養人。

除此之外，一年也會寄送數次有關山林野菜及里山[4]訊息的情報誌，或者讓認養人特地前來插秧及割稻時也能品嘗當地人盛情款待的濁酒。目的在於透過「飲食」增加回客率，吸引大家來到人口過稀高齡化的村落，同時製造機會讓都市人與聚落人交流，實在是非常好的制度！

4　包括住家、村落、耕地、池塘、溪流與山丘等在內的混和地景。

不過，我們在二〇〇五年五月推行這項制度之前，採取了一項策略。

我們發了一份英文稿，傳真給美國的美聯社（AP）、法國新聞社（AFP），以及英國的路透社（Reuters）等三大通訊社：「稻米認養制度。一年三萬日圓。保證擁有四十公斤糙米。」也不忘以英語加註，神子原米是用深山淨水才種得出來的美味稻米。

發出去之後，心裡只能悄悄期待：「哪一家會替我們報導呢？」雖然不確定各家通訊社會不會報導，我們仍是繼續傳送、也直接打電話給通訊社。這些訊息會傳到哪去呢？AFP是法國的，所以會散布至歐洲各國。路透社也一樣，有時也會傳播至俄國。美聯社則是以美國爲主。

過了不久，英國的《衛報》報導了我們的訊息。英國大使館館員看到後，隨即與我們聯繫。問道：

「你們有深山淨水才種得出來的美味稻米嗎？」

「有啊，完全沒有受到工廠廢水及家庭廢水污染喔。」

於是，大使館館員帶著妻子，駕著掛有品川車牌的捷豹來到神子原。

他們變成了我們的第一位認養人。我們也立即知會縣內媒體。

「神子原第一位認養人，是英國的大使館館員。」

「英國大使館館員成了認養人，這是怎麼一回事？」大批媒體蜂擁而至，出動了好幾臺攝影機拍攝田地。我們只招募四十組認養人，申請者卻超過一百組，最後只得安排到第二梯次：「請當明年的認養人！」

想要推銷產品時，該怎麼做呢？一般企業會從早到晚播放廣告，讓訊息流進大衆的眼睛與耳朵裡，人的內心就在不斷洗腦的播放中開始動搖。「好想吃那個巧克力」「好想喝那一款啤酒」。有的人就眞的受到影響而購買。

我們的做法也如出一轍。當英國大使館館員來到這處山野偏鄉，立刻成了新聞。這項消息傳至當地的報章媒體，大家不斷報導：「爲什麼英國大使館館員會來到山野田地？」因而吸引許多人來村裡一探究竟。

我們順利推銷稻米後，接著乘勝追擊，相繼推出香菇、滑菇、蓮藕、竹筍等農產品的認養制度。

滑菇與香菇的契約期間爲一年，五千日圓即可成爲認養人。

認養香菇時，會將認養人的名字寫在栽培用的原木上，放進山裡栽培，再由認養者進山裡採收香菇。通常降雨過後、打完雷的隔天，就能採收香菇或滑菇。蓮藕也是一樣，五千日圓便能成爲認養人，並請他們親自採收。

認養費會直接進入農家口袋，農家比拿到市場銷售賺得更多。

剛開始確實有人反對：「我才不贊成什麼認養制度！」但是當他實際看到有人因此賺錢後，隨即改觀，不再認爲這是一門賠錢生意：

「四十公斤糙米可以拿到三萬日圓嗎？眞的假的！」

當時透過ＪＡ銷售稻米，六十公斤的價格是一萬三千日圓，如今四十公斤糙米就能拿到三萬日圓，明眼人都知道哪一種比較划算。因此，最初持觀望態度的人，也慢慢參與了這項制度。

出言反對的人主要是嫌麻煩，覺得「這樣做根本沒好處」「這麼做也於事無補」。換句話說，他們認爲這只是杯水車薪，心裡篤定認爲這項認養制度是短暫的，不可能藉此活化人口過稀的高齡化村落。

我們只能繼續說服：「那要怎麼辦才好呢？請你們自己做做看。」持反對意見的人，對一切事情都反對到底。不論我們做什麼，一律唱反調。

「烏帽子親農家制度」招攬年輕人

構思「烏帽子親農家制度」的目的，同樣是爲了讓村民與都市居民有機會交流。這項制度與「梯田認養制度」同時在二〇〇五年開始實施。

這項制度是以青年學子爲對象，讓他們在農家住兩星期體驗務農，將都市居民登記成爲農家的烏帽子子（後面會說明），雙方締結親子關係，不再彼此客套，而能將農家視爲第二故鄉，充分體會農村樂趣。

這實在是很有趣的故事。

剛開始並沒有所謂的「烏帽子親農家制度」，只打算讓學生住在農家裡。

簡單來說，就是民宿。但這麼做引來石川縣政府藥事衛生課的不滿。

「你們讓學生住在農家、還跟他們收錢對吧？這是違法的，請立刻中止。」

到底違反什麼法律了？

「你們違背了《旅館業法》還有《食品衛生法》，也沒去申請相關的許可證吧？」

啊，我們確實沒有半張民宿許可證。

「你們也收錢吧？」

沒錯。我們確實違反了規定。可是，我們也不能就此跟縣政府低頭了事。最重要的目的是吸引年輕人來到人口過稀的村落，無論如何也要順利推動這項剛起步的制度……。

石川縣政府的藥事衛生課一連找了我們五、六次，但我們一次都沒去，而是請《朝日新聞》與《讀賣新聞》的記者替我們前去。因爲我們想再借助媒體的力量。

「有個公務員想讓烏帽子親制度適用於當前的法律，不覺得很有趣嗎？」

這是怎麼回事呢？總而言之，我們實施的是烏帽子親制度。讀過《平家物語》或熟知歷史的人應該會懂，這是日本從平安時代至室町時代流傳下來的古老傳統文化。過去的年輕男子行元服禮[5]時，會請一位特定人物替他戴上烏帽子[6]，兩人互相敬酒後，即建立了乾親關係[7]。在武家社會中締結愈多乾親關係，便能形成勢力愈龐大的武力。九州

有些地方將這種親子關係稱爲「へご親」或「帶親」（おび親），我們能登半島則沿用「烏帽子親」的名稱，讀作「よぼし」（yo-bo-shi）。

如此一來，縣政府的態度簡直像一百八十度大轉變。因爲雙方締結了乾親關係，不會隨便讓不特定多數人居住，縣政府立即改變以往的態度。

如果爲了符合《旅館業法》的規定，至少得花五、六百萬日圓改造廚房及廁所。但我們這裡是人口不斷外移的高齡化村落，更何況農家的年收入僅僅八十七萬日圓。這樣的山野偏鄉，我們怎麼可能說得出口：「老爺爺，拜託一下，請您出五百萬日圓、六百萬日圓吧！」而「烏帽子親制度」，就是在這種情況下所想出來的苦肉計。

二〇〇五年五月二十三日，縣政府打來一通電話，表示「烏帽子親制度」不在《旅館業法》範疇裡，因此可以在羽咋市實施。既然不屬於《旅館業法》，自然也不必符合《食品衛生法》與《消防法》等法律的規定，不需要申請任何許可證或進行相關檢查。

5　日本自奈良時代以來的男子成人禮。
6　日本上層公卿的黑色禮帽，平安時代以後普及至民間。從鎌倉時代開始，烏帽子愈高表示身分等級愈高。
7　負責戴烏帽子的乾爹稱為「烏帽子親」，而被戴烏帽子的乾兒子稱為「烏帽子子」。

我們終於能正式實施招攬年輕人住宿農家的「烏帽子親農家制度」了。

儘管如此，我們依然接獲關切：「萬一肚子痛，怎麼辦？」由接待住宿的農家負起責任嗎？或者由市公所負擔治療費用？不過，若是肚子痛，吃腸胃藥就好；要是受傷了，去醫院治療就好。自雙方互相敬酒的那一刻起，彼此即結下了親子關係，根本不需要別人在旁七嘴八舌。再說，既然雙方之間是乾親關係，就算有金錢授受，也不構成生意上的往來。聽起來或許強詞奪理，但我們就是一路爭吵激盪出各種想法。

於此同時，我們的制度獲得了國土交通省補助事業「年輕人至地區發展實習事業」的認可。這是國交省與市町村共同合作的制度，目的在於派遣都市圈的學生至各地體驗極具地區特色的生活，參與地區發展與當地產業等活動，藉此讓學生瞭解各地風土的優點，並透過當地民眾與學生的交流，帶動地區發展及促進「U-turn」[8]。學生的旅費、住宿費等費用全部由國交省負擔。由於我們的預算只有六十萬日圓，自然舉手贊成由國家負擔全額的補助事業。這項由國交省推行的事業與我任職的農林水產課一點關係都沒有。但是，他們採用了我們的計畫。因爲我們沒有錢，就得想辦法克服萬難。這時候，我想到了一個點子。

如果將這項實習計畫與烏帽子親制度結合，經由媒體報導後，肯定會引起話題！我們滿懷信心，開出了可以來聚落裡的學生條件。

「我們要求兩名女大學生，但是要會喝酒。」

國交省立刻打電話來詢問：

「爲什麼要女大學生？爲什麼一定要會喝酒？」

政府機構的心態還是很保守，他們想知道：「找會喝酒的女大學生的理由是什麼？」至於我們爲什麼不找男學生呢？因爲對農家大叔來說，男學生再怎麼年輕，依舊是「雄性動物」。熟稔之後自然沒問題，令人頭疼的是一開始如何讓對方敞開心胸接納。雙方都是男性的話，彼此恐怕會一言不合而產生敵意。如果是女孩子，就能讓農家大叔卸下心防。「沒辦法，人家女孩子都這麼說了」「雖然很不想，還是勉爲其難接受吧。」要是來了會喝酒的女孩子，晚上就能舉辦宴席了。在這日落即息的農村裡，若是

8 原住鄉村者至都市發展，後來又回到鄉村工作定居。

有一戶人家直到深夜仍未熄燈，「那一家看起來很熱鬧嘛。」其他農家就會出於好奇而來湊熱鬧。我們的目的便是讓人口過稀的高齡化聚落更加熱鬧繁榮。

這時卻出現了問題。

我們首先與町會長洽談，卻遭到拒絕：「我們絕對不可能接受那種大學生。」

接著詢問聚落村民的意見，也有人反對：

「要是讓女大學生來村裡，我不知道要準備什麼給她們吃。」

「比平常吃的多準備一點就行啦。」

有的人跟奶奶一起生活，當我對他說，你們平時總是煮兩人份的餐點，要是村裡多了兩個女生，那就準備四人份餐點就好，如此而已。不需要特別款待，只要多煮一些青菜就好。對方依然拒絕：

「我不知道要準備什麼給她們吃，太麻煩了。」

反對的理由千百種。

也有人找藉口閃過：

「我不曉得啦，我要跟媽媽商量看看。」

於是，我們急忙去找地區的農業委員K先生：

「市公所決定從今年起讓農業委員接待大學生，您可以嗎？」

終於獲得K先生首肯：

「既然市公所都這麼說了，沒辦法啦。」

實際上並沒有這項制度，但說謊也是權宜之計。爲保險起見，我再次提醒K先生：

「您千萬不要把她們當成客人。請把她們當成自己的乾女兒，也就是『烏帽子子』。」

「會喝酒的女大學生」掀起話題

就讀法政大學與東京農業大學的兩位女學生確認會在七月底住在菅池的農家，爲期兩個星期。她們就是第一梯「烏帽子子」。

兩位女學生來到K先生家裡的那一天，我當然通知了媒體，希望他們能報導「石川縣羽咋市烏帽子親農家制度第一梯」締結乾親關係的歷史時刻。當天來了三臺電視攝影機，以及五、六名報社記者。

我事先拜託了Ｋ先生，請他與女學生敬酒時，一定要說一句話：「從今天起，你們就是我的女兒。」代表雙方在當下即成了乾親父女。這句猶如配合電視演出的臺詞，讓Ｋ先生滿臉不好意思。不過，這並不是謊話。

兩位女學生在傍晚抵達Ｋ先生家。進了門之後，早在客廳等候的Ｋ先生請她們坐下來，寒暄一番後，Ｋ先生即讓兩人拿著酒杯，爲她們倒日本酒。在電視臺攝影機耀眼的燈光下，女學生一口氣乾杯。Ｋ先生便在此時神色緊張地說：

「你們從今天起，就是我的女兒了。」

「哦——，眞的說了！」在旁見證這一幕的我，聽到這句話簡直感激得要飛上天。不過，當記者將麥克風全部對著兩位女學生，問著：

「兩位對於成爲『烏帽子子』，有什麼感想？」

她們則是一頭霧水地愣在當場。

兩位女學生的酒量實在非常好。不論前一天喝了多少酒，隔天照樣早起，努力幫忙田裡的農活。她們眞的幫了不少忙。

她們也割了農路的雜草。這是聚落裡的人全員參與的活動，可是從後面看，卻找不到她倆的身影。當我問道：

「K先生，怎麼沒看到那兩個女生呢？」

「在那邊、那邊。」

她倆包著頭巾、腳穿長靴，一點也不像女大學生。兩人完全融入當地生活，看起來就像聚落裡的村民。而且一到晚上，便開起宴席。在這日落而息的農村裡，唯獨K先生家裡每晚深夜十點、十一點還亮著燈，「哈哈哈」的笑聲不絕於耳。他們歡聚的模樣，也吸引了聚落裡的老爺爺、老奶奶前來共襄盛舉。「妹妹，妳從哪裡來呀？」「咦——，品川？妳住在東京啊？」「橫濱？來，喝吧！」不過，喝起酒來，還是輸給女學生。她們的酒量實在驚人。村民忍不住讚道：

「你們還眞會喝啊！」

兩位女生因此與衆人打成一片。就連當初拒絕接納外人的町會長也在不知何時大駕光臨，想必很羨慕吧。

當我調侃他：

「咦，町會長，您當初不是反對嗎？」

他則是滿臉尷尬。

由於她倆一大早起床工作、夜晚跟大家開心暢飲，聚落裡的許多村民紛紛表示：

「如果來的人都像她們那麼好，我們也願意接納。」

她們回到東京後，也在大學裡四處爲我們宣傳。其中一位女學生對法政大學國際文化學部的堀上英紀教授說：

「老師，那邊雖然手機訊號不通，但是我帶著滿格的心意回來了哦。」

當時的神子原地區仍然沒有手機訊號。

教授疑惑地問道：「那是怎麼一回事？」

「那裡有個農家很有趣，竟然用了平安時代流傳下來的『烏帽子親制度』耶。還對我說：『妳從今天起，就是我的女兒了！』」

教授聽了直呼：「眞有趣！」立刻跑來實地調查。我向他解釋這套制度，教授認

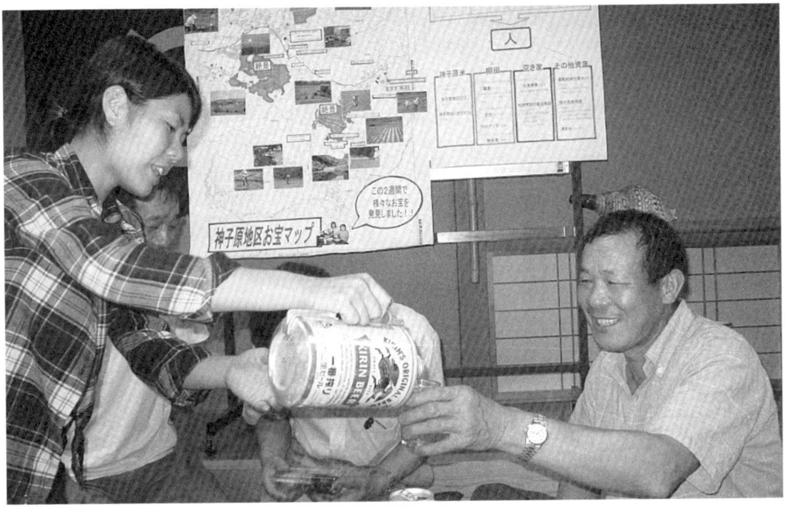

與「烏帽子子」女大學生一起飲酒歡聚，帶動聚落氣氛。

爲這可以當成社會學的有趣課題，問道：

「能不能讓我們研討課的學生來呢？」

從此以後，便有大量學生來到村裡。

二〇〇六年八月，二十名學生即來到菅池，參與「援農共宿」計畫，也就是住在農家，與聚落裡的村民一起務農與做家事。這就是大學生共宿版的「烏帽子親農家制度」。

不過，我在集會場召集諸位幹事說明情況時，特別對他們說：

「各位如果不喜歡，就不要讓他

們住。」

所有人聽了全都愣住。

「學生會挨家挨戶拜託：『請讓我住下來。』如果喜歡上門詢問的學生，可以讓他住下來；如果不喜歡，拒絕也沒關係。」

我知道，如果要求大家務必讓學生留宿，他們一定會開口抱怨。所以我反其道而行，先製作了每位學生的簡歷交給幹事，上面包括大頭照、姓名、就讀學系與專攻科目等項目，再請他們發給附近居民。

「請轉告村民，這群學生絕對不是可疑人物，請根據他們的態度，再決定要不要讓他們住下來。」

於是，大家紛紛問道：

「要是不讓他們住，這些孩子要怎麼辦？」

「我會讓他們住在集會場。」

「喂，那裡沒有浴室欸！」

「沒關係。」

「廁所也不是沖水式的，是『茅坑』！」

「不要緊。」

「也沒有飯可吃啊——。」

「沒問題啦，學生也不笨，會自己想辦法吧？」

「眞的沒關係嗎？」

「是的。只要在這裡放幾條棉被就好，沒問題的。」

覺得我們太亂來而發火的農家，不知不覺開始擔憂還沒決定住處的學生。他們不禁心生憐憫，打算接納這些學生。接下來，幹事便把學生的簡歷發給每一位村民，說道：

「這些孩子如果來了，就讓他們住吧。」

為什麼學生能和農家打成一片？

二〇〇六年八月二日，二十名來自法政大學國際文化學部、堀上英紀教授研討課的學生抵達神子原。其中有八成是女學生，教授也隨行前來。一行人將在菅池的農家住八個晚上，展開直到十日爲止的「援農共宿」活動，幫忙聚落村民的農活。

去集會場開會之前，有位女學生轉著手中的陽傘，問道：

「我今天要住哪裡？」

我回說：

「沒有地方住喔。」

滴溜打轉的陽傘倏然停止。

「那、那我要怎麼辦？」

「菅池地區有二十八戶農家，你可以去任何一家敲門，跟對方交涉：『能不能讓我住這裡呢？』」

在集會場開會討論時，我也對其他學生這麼說。當時正逢夏季，每個人卻都面如死灰。

「你說交涉，是指跟對方說『請讓我從今天起在這裡住十天』嗎？」

「沒錯。如果對方拒絕，你就要住在集會場，這裡沒有浴室，但是可以煮飯。」

這群學生裡，有人不由得慌慌張張地拿出手機，也許是想找找看附近有沒有旅社吧。男生倒是可以忍耐一下擠在一起睡，可是這次的參加者有八成是女生，這項規定實在很爲難她們。更慘的是，當時的神子原地區還屬於「圈外」，根本收不到手機訊號。也別冀望會有餐廳、咖啡店或便利商店了。一群人顯得更加慌亂。

「要是被拒絕，也沒有東西可吃的話，請自己去化緣。」

「什麼是化緣？」

「就是拿著鍋子，挨家挨戶拜託：『請給我一點飯』『請分給我小黃瓜』『請給我一些洋蔥』。各位不用擔心，集會場有地方可以煮飯。」

到了這個地步，所有人都認眞起來。

「我什麼都願意做，請讓我住下來。」

「我會照顧狗狗，也會照顧爺爺，請讓我住在這裡。」

學生挨家挨戶拚命拜託。村民也覺得：「既然都這麼說了，那就住下來吧。」於是，每個人都順利達成任務，住在各處農家裡。有的一戶收留一人，也有的一戶收留兩三人。如今想想，當初沒有事先爲學生安排住處，而是讓他們挨家挨戶請求收留的決定是正確的。這樣才能讓他們努力完成任務，確實是一項寶貴的體驗。

「烏帽子親農家制度」與「援農共宿」活動就此延續至今。兩天一夜的體驗費用爲成人兩千日圓、大學生一千五百日圓，由羽咋市公所受理申請。我們會建議盡量住兩星期，因爲五天或六天爲期太短，無法好好瞭解農家的生活狀況。此外，我們也繼續維持一貫方針，當天由學生自行尋找「援農共宿」的住處。

曾經有一次，我們送結束共宿活動的學生到車站，有位女生一直哭。我們以爲她遇到了麻煩，但是她怎麼也不肯說出原因。後來才知道，那位女生是捨不得離開而哭泣。

眞是令人感動啊。

聚落裡有一位獨居的老奶奶。由於左鄰右舍來往密切，村民都知道她爲什麼一個人住。一位女學生突然到訪，幫老奶奶劈柴……在這裡洗澡也得燒柴煮熱水……女學生就在做粗活的過程中，看到老人家一個人努力過活的模樣。爲什麼她會一個人住呢？附近鄰居當然知道原委，但是都避而不談，因此，老奶奶不曾對別人吐露自己的心情。然而，她卻向素昧平生的女學生傾訴。女學生似乎是聽了老奶奶的遭遇，臨行前因爲捨不得離開而掉眼淚。老奶奶也對她說：「你們不用幫忙做農活啦，要不要留下來照顧我？」

為什麼兒子、女兒不回來呢？老伴過世後，老奶奶是怎麼過活的呢？我想，學生也藉此窺見農村裡的人生百態吧。大家常說日本人很幸福，但不是每個人都如此，有些人還是活得相當辛苦。這就是農村的眞實情景。

與學生共處的農家也有所成長

這項活動也有樂趣。我曾經在神子原巧遇援農共宿時的熟悉面孔。

「你怎麼會在這裡？」我問道。

「沒有啦，學校放假，所以我今天來這裡住。」

看來跟農家的交情很不錯啊。「烏帽子親農家制度」第一梯的其中一位女大學生，也曾在出社會後帶男朋友來介紹給村民，兩人同樣住在先前叨擾過的K先生家裡。還有一位男生之前住在另一位K奶奶家裡，如今兩人已情同母子。當我去K奶奶家玩時，她開心地對我說：「你知道嗎？我們家的孩子今年暑假要來玩喔。」獨居的K奶奶並沒有小孩，那位男生便成了她的第一個孩子。

村裡家家有本難念的經，遠道而來的學生即發揮了潤滑劑的作用。對聚落來說，學生在農活上實際上並沒有太大助益。他們不知道怎麼使用割草機、不清楚該割哪裡，當然也不曉得如何播種。不過，他們的到訪滋潤了村民的心靈，接納這群學生的同時，村民自己也有所成長。如今已能滿懷期待：

「今年來的會是什麼樣的孩子呢？」

起初說「不要」而拒絕學生的村民，隨著心房慢慢敞開，也開始與學生互相交流。曾經接待過這些學生的農家，有時也會收到他們捎來的心意：

「這是我跟大學朋友去越南玩的伴手禮。」

「我來英國畢業旅行喔。」

當我去找村民玩，他們會得意地拿出學生寄送的伴手禮或明信片給我看：

「他有寄明信片給我喔，上面寫說在英國呢。」

學生的一通電話、一張明信片，都能讓他們開心不已。村民也因此找到生活的重心，種出美味的蔬菜或者剛採收了蓮藕，一定要寄給他們品嘗。學生收到後，也一定會有所回饋。雙方交流即由此而生。學生也把收留自己的村民敬若父母，找到工作後又回到村裡探望。感情融洽得猶如眞正的一家人。讓我深深感受到「烏帽子親制度」確實是日本美好的傳統文化，足以解決現代社會親族血緣關係愈來愈淡薄的問題。先人眞是留給我們一個美好的制度。

使不良外國人重生的教育力量

地域社會是由人類所構成，所有一切都與人息息相關。因此，慢慢接納學生的農家，心胸氣度也會大幅成長。

以下是發生在多年前的夏天。有戶人家長期接待學生入住，我認爲他們應該可以接納任何人，因此開口詢問：

「下回來村裡的是一個不會說日語的外國人，可以嗎？」

對方雖然擔心著：「沒問題嗎？」最後還是同意了。這戶人家不會說英語，到訪的卻是從美國來的高中生，而且要在村裡一待兩個月！

紐約市中心有一所有錢人家少爺、小姐就讀的名門私立學校德懷特中學（Dwight School），高中男生蓋瑞（化名）就是來自這所學校。他的母親是日本人，從羽咋市的官網看到「烏帽子親農家制度」而決定送孩子過來。蓋瑞還是高中生，卻是酗酒程度幾近酒精中毒又會吸菸的麻煩傢伙。締結乾親關係固然需要敬酒儀式，但我們絕不允許高中生喝酒。

村裡收不到手機訊號，我們也嚴格禁止他撥打國際電話，因此，蓋瑞剛開始會鬧脾氣，不太願意幫忙做農活，總是一個人到處閒晃。他似乎喝不慣味噌湯，每一次都沒喝完。我雖然會說英語，卻故意置之不理。

然而，人口過稀村落的優點，便是將住在聚落的孩子當成自家孩子。看到孩子做了壞事，大家就會生氣；見到孩子表現不錯，大家也不吝讚賞。若是在路邊遇見了，每個人一定會跟他聊幾句：

「你就是住在M先生家裡、從美國來的蓋瑞小弟弟吧？」

蓋瑞不會說日語，老奶奶依然跟他攀談。剛開始裝作沒聽到或愛理不理的蓋瑞，由於村民不斷跟他寒暄，他或許是看開了，或許出於好奇，終於想要弄懂一勁兒跟他說話的村民到底在說些什麼。過了不久，村民嫌「蓋瑞」的外國名字很難念：「你從明天起就叫洋介！」從此以後便稱他爲「洋介」。

於是，當村民呼喚：「洋介！」他也會回頭應聲：「啊？」

「洋介，快來吃西瓜！」

「我說洋介小弟，你還是高中生，怎麼可以吸菸！」

村民左一句「洋介」、右一句「洋介」地喊著，蓋瑞逐漸敞開心房，願意幫忙做農活了。大家一起同心協力揮汗工作著，讓他第一次體會到，自己不是一個人活在這世上。周遭雖然都是素昧平生的農家大叔、阿姨，但所有人都盡心盡力地照顧自己、關心自己、跟自己說話，同時責罵自己。

換作在紐約，不但沒有人知道自己、也沒有人會來關心。可是在菅池的聚落裡，自己明明是外人，大家卻都會來跟自己寒暄問暖。蓋瑞逐漸明白，只要自己吸菸，就會遭到所有人斥責；當自己努力做農活而飢腸轆轆時，原本不愛喝的味噌湯也喝得津津有味了。

過了兩個月，蓋瑞已能主動操作村裡的割草機割草。特地從紐約來接他的父母看到這幅情景，不禁感動得掉眼淚。「洋介」當初似乎是被女友甩了，才導致行爲荒腔走板。當聚落裡的村民將他視爲自己的孩子般呵護關切，他才能重新振作。

據說蓋瑞回到紐約後，校長對他的轉變十分驚訝，問道：「你在日本發生了什麼事！」本來覺得不可能申請上大學，也一舉通過南加州大學、加州大學洛杉磯分校，以及紐約州立大學的考試。

蓋瑞的父母感激涕零地打了國際電話來道謝：

「我沒想到自己的兒子會改變這麼多，這全都是村落的功勞。」

把這裡變成熱鬧的人口過稀聚落

現代的日本社會，左鄰右舍之間的人際關係愈來愈疏離，甚至連隔壁的老人家會不會孤伶伶死去都沒人在乎。然而，愈鄉下的地方，人際關係愈密切。有人生病了，大家會一起照顧；誰家的孩子不乖，大家會一起斥責。從前的人會把整個地區的孩子視如己出，但要是在現在的都市裡，父母肯定會惱羞成怒：「不要隨便罵我的小孩！」情況完全相反吶。

我想，日本自古以來即有這種互相扶持的習慣。比起以家族爲單位互相扶持，更常見的是聚落裡的人彼此照應。這一點固然是好，但另一方面也有其缺點。一旦有風吹草動，所有人便知道聚落裡來了陌生人。因爲彼此熟識的關係，肯定會產生疑惑：「咦？這個人是誰？」也因此，人口過稀高齡化的村落，往往會排斥外人。

自從兩位會喝酒的女大學生來到村裡，頓時打開了村裡的封閉氣氛。聚落裡的村民逐漸敞開心房，甚至願意接納美國人。目前則是開放社會人士進到村裡，農林水產省的高級公務員也曾在村裡住了一個月。

我們會探討行政應有的做法，也一再強調：「能替公衆服務才稱得上是公僕。」因此，我們誠心接納所有想來神子原的人，外國人也ＯＫ。但願來者不拒，不時有各式各樣的人來往此地。

過去接受全國版報紙的採訪時，記者問道：

「你們的目標是什麼？」

我回答道：

「我們的目標是把這裡變成熱鬧的人口過稀聚落。」

人口雖然稀少，但每個人彼此熟識、和睦共處，並且互相合作快樂地生活在一起，這才是最棒的村落！

口耳相傳帶動農家咖啡熱潮

在梯田舉辦女兒節（雛祭り）的構想，源自最早成為「烏帽子子」的兩位女大學生。隔年便以參加「援農共宿」的法政大學學生為主，於二〇〇七年三月三日，在縱長四十公尺、橫寬一百公尺的菅池梯田上擺放五層繽紛人偶。偌大的人偶即坐鎮在順著山坡開闢而成的數十層梯田裡，氣勢十足且引人注目。

我們事先也將這項消息透露給地方報紙等媒體，告訴大家：「神子原又舉辦有趣的活動喔！」

結果吸引了超過一千五百人造訪菅池。由於村內道路是僅能容一輛車通過的羊腸小徑，因此全村總動員，幫忙疏導交通。老爺爺與老奶奶也非常熱心地指引車輛在單行道的聚落裡繞行、或是指揮訪客將車輛縱列停在田間小道及農路上。這是村裡有史以來的大塞車。從此以後，每年三月三日都會在菅池的大梯田上陳設女兒節人偶。每年夏季及冬季都有二十多名大學生前來「援農共宿」，我們便請冬季到訪的學生製作人偶。

實際上，除了女兒節人偶之外，我們還規畫了一項活動。

神子原地區並沒有餐廳或咖啡店，當然也沒有便利商店。但是，許多觀光客來了之後，難免會肚子餓或口渴，想要進店裡休息一下。

我們的咖啡店即配合女兒節當天開幕。那位最早響應「閒置農地與閒置農家資訊銀行制度」而來到菅池、並在村裡生了小女兒的武藤先生，就是咖啡店的老闆。

武藤先生是三十歲的年輕人，兩年前知道了「閒置農地與閒置農家資訊銀行制度」，便從岐阜縣前來面試。他擁有明確的願景，想將神子原的舊農家改造成咖啡店。他曾在金澤學過烘焙咖啡，如果由他負責沖泡咖啡、妻子摘採自家田地栽種的無農藥與減農藥蔬菜製作咖哩販售，農民應該也會喜歡。武藤先生便以一個月兩萬日圓的租金租用屋齡七十年的農家以及約二千平方公尺的田地，自二〇〇六年十一月起住在菅池。

決定租屋處後，我立刻與武藤先生開會討論。

這處農家位於距離街道相當遙遠的山間地區，途中必須經過一條僅容一輛車通行的羊腸小徑才能到達。

武藤先生說道：

「我想在車輛行經的街道旁擺一塊咖啡店的招牌。」

我回答他：

「千萬不要那樣做。」

「啊？爲什麼？沒有招牌的話，顧客就不知道怎麼來店裡啊？」

「沒問題啦。」

「不是啊，這裡手機又不通，就算打電話來問，也說不清楚到底在哪裡。沒有招牌不是更糟糕嗎？」

「怎麼會覺得糟糕呢？這樣才好啊！能夠遠離都市喧囂、在這清靜鄉間用餐，那該多好啊！所以武藤先生才會來這裡開店，對吧？」

「……話是這麼說啦，那我應該怎麼做？」

「你能不能立刻調整一下進度，趕在三月三日開幕呢？」

「你有把握嗎？」

「到時候就知道囉。」

武藤先生隨即配合我，於二〇〇七年三月三日開了農家咖啡店「神音」。

如前面提到的，每年七、八月的夏季，二、三月的冬季，會有二十多名參與「援農共宿」活動的法政大學學生住在神子原地區的農家裡。於是，我們決定讓村民與學生同心協力，利用菅池的梯田製作縱長四十公尺、橫寬一百公尺的五層人偶，並且在二〇〇七年三月三日的女兒節展出。這是聚落村民與都市學生互相交流的有趣活動，所以我事先將這項消息透露給各家媒體。我相信一定會吸引眾多人潮前來，因此將農家咖啡店的開幕日期訂在三月三日。

當天來到菅池梯田的人數超過一千五百人，創下聚落有史以來最高紀錄。果然不出我所料。我們接著向特地來山上看女兒節人偶的遊客說：

「回程時請到村裡的餐廳坐坐。」

學生也幫忙發送餐廳的傳單。由於菅池地區沒有餐廳、咖啡店與便利商店，連自動販賣機都沒有。遊客之中一定會有人又餓又渴。

有人納悶道：

「村裡有餐廳？怎麼都沒看到招牌啊？」

我們便回答他：

「我們沒有招牌喔。不過，村裡每個人都知道在哪，請問問路過的老爺爺、老奶奶，他們一定會告訴你。」

我們在開幕前一天舉辦發表會，請所有村民喝咖啡，同時拜託大家多幫忙。

當天場面熱鬧非凡。爲了喝杯咖啡，竟然要等超過一個半小時。

至於今年，一樣有衆多遊客前來欣賞梯田的女兒節人偶。如今這已儼然成了羽咋市的風情畫。

I-turn成功者

這處位在荒山野嶺的人口過稀聚落，竟然有一間咖啡店端出了道地的自家烘焙咖啡，相信每個人都會驚呼吧。顧客經歷過這份驚喜後，自然會想帶別人來體驗，滿心期待對方又驚又喜的模樣。

第一次跟著朋友來的人，對於這間沒有在國道沿途設置招牌、還得穿過田中央僅容一輛車通過的羊腸小徑才能抵達的咖啡店時，心中不免忐忑：「這裡眞的有咖啡店嗎？」抵達目的地後，才發現是一處老舊農家。推開平凡無奇的農家拉門走進去，烘焙

由古老民房改造而成的咖啡店：「神音」。

咖啡的迷人醇香隨即撲鼻而來。脫了鞋子進入室內，發現裡頭安了一座地爐，粗壯結實的大樑橫陳在天花板上，增添了幾分古老民房風情，再加上室內流洩著的爵士樂……。以山泉水沖泡的咖啡，也顯得格外美味！

於是，「村裡有一家隱藏版私房咖啡店喔。」跟著朋友前來的人，又會帶別的朋友到訪此地。

如果在國道沿途設置咖啡店的宣傳招牌，就不會有人上門。「啊，我知道那家店。」儘管知道店名的人因此變多，他們卻興致缺缺，絕對不會想來一探究竟，更別說帶朋友前來。沒有招牌，反而更吸引人。在這資訊發達的時代，刻意減少資訊量，也不失為成功推廣偏鄉商務的好方法。

咖啡店從此成了村落與其他城鎮交流的場所，尤其是村裡的老爺爺與老奶奶，忙完農活後一個人信步來到店裡喝咖啡，並且和年輕觀光客聊天，這才是最寶貴的體驗！

武藤先生目前則是在自家周圍的二千平方公尺田地裡以自然栽培法種植蔬菜，加工製成咖哩的食材等產品販售。各位知道他種的南瓜，一顆能賺多少錢嗎？透過ＪＡ銷售的話，一顆數十日圓。所以他沒有透過ＪＡ販售。他怎麼做呢？他把南瓜切成小塊，經由燉煮逐漸改變南瓜的價值。第一次產業生產的完整南瓜，透過ＪＡ銷售只能賺數十日圓；轉型成一·五次產業並切成小塊燉煮，反而提升了它的價值。一整顆南瓜，在「神音咖啡」搖身一變爲南瓜布丁、南瓜饅頭、南瓜戚風蛋糕等各種產品，而這些產品總計可爲一顆南瓜賺進一萬多日圓。

武藤先生已是優秀的新農夫。他生產第一次產業的農產品，但不會直接銷售。而是製成「神音咖啡」裡的餐點賣給顧客。

這也是一種農業的經營型態。

有一位經營顧問曾在咖啡店開張不久後來到店裡，說道：「再過三個月，這家咖啡店就撐不下去了吧。」那個人的眼光似乎不怎麼高明。如今的「神音咖啡」，平均一天有超過三十位顧客光臨，有時也會遇到顧客沒有事先預約就上門、甚至客滿到進不來的情形。

武藤先生現在的收入輕輕鬆鬆超過一般上班族，成了「I-turn」成功者。

第三章

口耳相傳。

——神子原米空前絕後的自有品牌宣傳戰略

徹底分析欲銷售產品的優點

二〇〇五年四月，羽咋市長給了我一道課題。也就是推行「山彥計畫」，藉此刺激神子原地區人口過稀高齡化聚落的發展，並在一年內打造農產品的自有品牌。

首先，我們已順利推動活化人口過稀聚落的「閒置農地與閒置農家資訊銀行制度」、「梯田認養制度」、「烏帽子親農家制度」等各項企畫，吸引了眾多年輕人到訪或移居神子原地區，與聚落裡的村民互相交流。

剩下來的任務便是打造農產品自有品牌。但是神子原地區的梯田僅能收穫神子原米。

同年四月，我召集了一六九戶農家前來集會場，懇切地告訴在場所有人，如果想要改善神子原地區農家一年平均所得僅八十七萬日圓的窘境，唯有不倚靠JA或市公所，而是由身為生產者的農家自行建立可以自己制定農作物價格的生產、管理與流通體系。然而，當時只有三戶贊成我的做法。

農民說道：「我們從來沒賣過米，怎麼可能賣得掉？你自己來賣賣看，賣出去再說！」

既然如此，我就賣給你們看。於是，我請那三戶贊成的農家把秋天收成的五十俵（三千公斤）米交給我保管。

那時候，我根本毫無頭緒。長這麼大，從來沒賣過任何東西。可是，不想辦法賣掉這五十俵米，神子原的農家就沒有未來可言。在這無路可退的情況下，反而激起我的鬥志，一定會有辦法的！

幸好神子原的米很好吃。一九九六年十一月出版的《日經ＢＰ》雜誌寫了一篇〈全國十大美味好米〉報導，「羽咋越光米」獲選爲第三名。這篇報導出爐時，我沒有太多感想，只覺得「不錯嘛」。等到自己眞正調到農林水產課後，才認眞研究了一下。「羽咋越光米」，是從哪個田地種出來的呢——？

調查的結果讓我起了雞皮疙瘩，竟然就是神子原地區的越光米。進一步調查後發現，電視的餐飲節目也將神子原的越光米列爲「特選食材」。話說回來，過去確實有不少餐飲界人士盛讚「（神子原）山上的米很好吃」。他們說：「剛煮好的米像糯米一樣綿軟有彈性，小小的米粒光潤晶瑩，非常好吃」「最大特徵是冷了也很好吃」。負責種米的農家也十分自豪，說「我們家的米非常好吃」。儘管外界的評價甚高，市公所和ＪＡ的人員卻無動於衷，完全沒有宣傳、也不發通知。即便農家生產出優良的產品，他們也只會白白錯失高價出售以及推廣至全日本的時機。

這可說是市公所與ＪＡ怠忽職守。

爲什麼神子原地區的越光米那麼好吃呢？因爲它的田地位於基石峰海拔一五〇公尺至四百公尺處的陡峭傾斜地帶，稻米即在山間地區獨特的日夜溫差懸殊環境裡飽受鍛鍊。再加上此地是冬天積雪深達兩公尺的豪雪地區，豐沛清淨的融雪水也因此滋養了稻米，不必像其他農地那樣從混雜生活廢水的河川引水灌溉。特定梯田的收穫量爲七百俵，僅有平原地區的六五％。這是不使用化學肥料催產的結果。其他地方有不少田地一反（一千平方公尺）可收成十俵以上，但是種出來的米不好吃。使用大量化學肥料增產，根本沒辦法試驗出美味的稻米。

提到越光米，最著名的莫過於新潟縣南魚沼生產的稻米，我有自信，我們的米絕不輸給他們。既然產品如此優良，最大的問題便是銷售方式！

激起「渴望」的品牌大作戰

以山間淨水種出來的神子原越光米。這麼好吃的米，只要銷售得當，絕對會大受歡迎。於是，我想到了「longing」，也就是嚮往、渴望的意思。

人往往會想要名人擁有的、喝著的、穿著的、戴著的物品。例如那個人拿的皮包眞不錯、戴的手錶眞好看，是哪個牌子呢……？使用這些物品的人在社會上的影響力愈高，穿戴在身上的物品所擁有的品牌力量愈驚人。最著名的例子有女星葛麗絲·凱莉的凱莉包、美國國務卿杜勒斯（John Foster Dulles）所拿的杜勒斯包（Dulles Bag）。

換作是米，由誰來吃才足以構成品牌呢？如果能由具有社會影響力的人說一句：「我常吃美味的神子原米。」將會帶來多大的宣傳效果、形成多麼龐大的品牌力量……。

因此，我們最先詢問負責日本皇室事務的宮內廳。日本人的主食是米，日本的象徵則是天皇陛下。而神子原的「神子」，也可解釋爲「皇子」。於是我心想，如果能將神子原米獻給天皇與皇后，兩位陛下也能在園遊會等場合時御賜一言：「我們每晚都吃神子原米。」肯定會造成轟動。

調查之後，發現宮內廳裡有一位加賀前田家第十八代家長前田利祐先生，負責宮內祭祀的掌典一職。羽咋市境內的石川縣，過去即屬於加賀藩。所以我們無論如何都想會晤前田先生，懇請他將與加賀藩有淵源的羽咋越光米獻給天皇陛下享用。我們立刻拜託市長同行，前往東京會面。我一見到前田先生便說：

「能不能請您定期在每星期五，讓天皇、皇后兩位陛下品嘗神子原米呢？」

選擇星期五並沒有特別用意，純粹因爲當天剛好是星期五罷了。沒想到前田先生十分爽快地答允：

「這是與加賀藩有淵源的越光米嗎？不錯啊，我立刻請主廚從今天晚上起就煮給兩位陛下享用。」

我興奮得難以自抑，回到飯店後便與市長一行人開心得又叫又跳：「我們拿到天皇御賜的錦旗了！」

「能用皇室的菊花紋章了！」

「可以宣傳說是天皇、皇后兩位陛下的御用米耶！」

「這一定會大賣啊！」

我們的士氣頓時大振。總算可以把那三位農家託我保管的五十俵米賣出去了。任何品牌的米都沒有承蒙天皇與皇后兩位陛下欽點更有號召力，肯定會賣光吧。當初反對我們的許多農家，如今一定會反過來大力贊成……。

當我拖著興奮過度的疲憊身子回到自己的房間時，發現電話的語音信箱留言燈閃爍著。納悶之下打開來聽，結果是來自宮內廳的留言，說道：

「剛才的事情，請當作沒發生過。」

對方表示，天皇食用的米一律來自「獻穀田」生產的米，無法再將神子原米列為新的食用米。

我依然不死心，但還是徒勞無功。再繼續死纏爛打，只會給前田先生及市長添麻煩，最後只好放棄，失望之情無可言喻。

最愚昧的策略，莫過於忽略潛力

我們不得不改變作戰方針。

這時候，我不停思索著。這個不行，就換下一個，或是另一個。做任何事情之前，我至少會準備三個方案。

而我有了一個好點子。

把「神子原」譯成英語，便是：

「the highlands where the son of God dwells.」

其中的「son of God」就是「神子」。而最著名的神子，不就是耶穌基督嗎？至於神子原，就只能譯成耶穌所住的高原了啊！

話說回來，天主教裡最具影響力的人是誰？當然是全球信徒超過十一億人的天主教最高領袖——教宗（教皇）。不過，當時的教宗本篤十六世（Pope Benedict XVI）來自德國，平常會吃米飯嗎？算了，不必想那麼多，只要他願意吃就好，一定要說服他吃下去！事不宜遲，我立刻寄了一封信：

「這是只用山間淨水種植出來的好米，我們是否有一％的機會請您品嘗看看呢？」

那是二〇〇五年五月的事。

其實我有點著急。因爲神子原地區在四月與五月的連假期間開始插秧，這批新米將在十月收成。當初跟農家打包票說要賣掉五十俵米，如今卻連一粒米都沒有人預定。一想到只剩五個月時間可以賣，不禁有些火燒屁股之感。於此同時，我們剛推行「烏帽子親農家制度」，也要試著推動「梯田認養制度」，除了賣米以外，還有許多事情要忙。

不過，我一點也不慌亂。從這一點來看，我算是樂天派。比起慢慢沉思，我更適合邊跑邊想，因爲靜下來就會感到不安。我不去考慮會不會失敗，腦海裡只描繪成功的願景。帶著神子原米去宮內廳時，我也想像著宣傳海報和立旗的模樣，想著不妨用紅底白字寫著「天皇皇后兩陛下御用米」。可惜無法實現。

等了一個月、兩個月，仍然盼不到教宗回覆。看樣子，還是不能對外國人大力推銷米食啊、這次也碰壁了啊……。沒辦法，只好再改變作戰方式了。

神子原地區的水稻、稻米、米……。我又想到點子了。

日本將美國寫成「米國」，正好可解釋爲「稻米之國」。所以我擅自決定，一定要讓「稻米之國」的總統吃神子原米。我的作風向來不是自我設限、低調行事。最愚昧的策略，莫過於忽略潛力。因此，我擬定了作戰計畫。

當時的美國總統是小布希。若是直接將神子原米寄到白宮，要求對方「請吃吃看」，肯定會因爲米屬於穀類而卡在海關。於是，我轉而調查總統的父親、老布希的住所，如果透過大使館送給對方，就能因爲大使館的特權免除檢疫。就這麼辦！先將神子原米寄給老布希，再請他交給總統兒子。我心想：「只能這麼做了！」便著手與美國大使館交涉。

榮獲「教宗御用米」認證！

正當我與美國大使館取得聯繫之際，教廷捎來了回覆。

「你們有寫信給教宗吧？大使與代理大使等著跟你們談談。」

我們因此立刻動身前往東京千代田區三番町的教廷大使館，當然也拜託市長同行。

「市長，明天請您去一趟大使館。」

「哪裡的大使館？」

「教廷大使館。」

「你說哪裡？」

「是梵蒂岡，梵蒂岡的大使館。」

「我爲什麼一定要去梵蒂岡的大使館？」

「詳細情形我再跟您說，明天請您上飛機。」

於是，我擅自變更了市長的行程，請他飛一趟東京。我總是秉持做完之後再來報告的「見招拆招」原則。我不會事先詢問：「可以寫嗎？」而是先斬後奏：「我已經寫了。」所以，當初也是「我已經和宮內廳聯絡了。」這一次當然也不例外，也被副市長叫去罵了一頓：「是誰准你聯絡梵蒂岡的？」

我回答道：

「沒有人叫我這麼做，是我自己決定的。」

副市長頓時翻了白眼。我自然明白自己的做法並不合法、有違常規。但如果先請示：「我可以寫信給教宗嗎？」事情便無疾而終了。因爲上級一定會問：「這麼做有什麼意義？」我就得向相關人士一一解釋。由於市長交代「一年內要做出成果」，我根本沒那麼多閒工夫。因此，我與市長約定，做完之後再寫報告書即可。

二〇〇五年十月二十一日，市長、神子原地區的區長與我，三個人分別拉著行李箱，裡頭裝著每五公斤爲一包、共分裝成九包的四十五公斤神子原新米，一路從千代田區三番町的坡道「嘎啦嘎啦」地拖往教廷大使館。

卡倫加（Leon B. KALENGA）大使特地來到玄關迎接，帶我們進入大使館。市長將新米交給大使，說道：

「這是以神子所在的高原命名的羽咋市好米，希望教宗能品嘗看看。」

大使聽了，隨即回答：

「你們的神子原是只有五百人的小村落，我們的梵蒂岡則是人數不到八百人的全球最小國家。就讓我們來當小村落通往小國家的橋樑吧。」

換句話說，神子原米正式成爲獻給教宗的貢品。大使說，這是最適合教宗食用的米。因為它來自神子耶穌所在的高原之地。不過，當大使說：「我之前怎麼沒聽說過這麼神聖的地名呢？」我不禁當場捏了把冷汗。神子原的「神子」固然有「神之子」的意思，可是在古代也稱為同音異字的「巫女原」[1]，這裡的「God」當然也不是指「耶穌基督」。話雖如此，我覺得對方不但瞭解，也認同這一切，就當作彼此之間的「默契」吧。

一行人相談甚歡，大使後來給我們看一本小冊子，記載著日本自古以來獻給教宗的貢品。看到最早進獻的人名時，我嚇了一跳。上面寫著「NOBUNAGA ODA」，也就是織田信長，貢品則是「BYOBO」。這是什麼呢？義大利語嗎？一問之下，才知道是「屏風」的日語發音。這幅作品也許是信長要求畫家狩野永德繪製的屏風畫〈安土城之圖〉，並在天正遣歐使節團[2]前往羅馬時獻給教宗額我略十三世（Pope Gregory XIII）。

我們接著徹底調查獻給教宗的物品，看看是否有人獻米。結果是沒有。我們的神子

1　日語的「神子」與「巫女」發音同為「みこ」（mi-ko）。

2　指天正十（一五八二）年派遣三位信奉天主教的少年使節至羅馬，分別是大友宗麟、大村純忠、有馬晴信。他們是第一次前往歐洲的日本人，也是歐洲當地人第一次見到的日本人。

原米，是首次獻給教宗的米。於是，我們詢問大使是否能以此爲宣傳。

大使答應道：「可以呀！」

這次眞的大功告成！（後來聽說教宗會吃神子原米製成的米可樂餅。）

過了兩天，神子原米從此以驚人速度爆紅暢銷。

新聞不斷報導，吸引新客戶

前往教廷大使館時，我們當然通知了在地的北國新聞社，請他們寫一篇神子原的獨家報導。

另一方面，《天主教周報》（Catholic Weekly）也報導了我們造訪教廷大使館一事。從教廷大使館回來後兩天，我接到了一通電話。對方自稱是東京四谷聖依納爵教堂（St. Ignatius Church）的義賣活動相關人士，感覺是一位十分高雅的夫人。

「請問你們那邊有獻給教宗的米嗎？」

「有的。」

她說道：

「能不能麻煩你們立刻寄來五公斤裝的○百包、三公斤裝的○百包、一公斤裝的○百包呢？」

所需的數量十分驚人。她接著問：

「請問價格多少？」

我從來都沒賣過一粒米，根本還沒決定價格多少啊。對方隨即說道：「這是慈善義賣的壓軸商品，開價多少都行哦。」我馬上說了個價錢：「一公斤七百日圓，可以嗎？」

對方聽了立刻答道：

「哎呀，這麼便宜呀。」

眞令人吃驚。覺得一公斤米賣七百日圓很便宜的人，平常一定是在百貨公司買米。我們調查過百貨公司的米價，南魚沼生產的越光米，當時售價爲一公斤八三○日圓至一千三百日圓。不過，誰會買一公斤八三○日圓的高價米？一般家庭主婦總是錙銖必較，買的是一公斤兩三百日圓的廉價米。只有上層階級的人才會買八百日圓左右的米。

打電話來的人想必是有錢人。她說會有好幾百人參加慈善義賣活動，我們因此一下子賣掉了將近五十俵米。

過了一個多月後，ＮＨＫ與《讀賣新聞》、《產經新聞》等媒體也相繼報導「教宗御用米」，消息火速傳開，市公所的電話響個不停。如雪片般飛來的訂單，簡直讓我們無法招架。正巧市公所前方的ＮＴＴ電信公司遭到雷擊，長達一天半時間都電話不通，我們才能趁機整理訂單。

短短一個月，我們竟然賣出了七百俵米！

各位不覺得奇怪嗎？我們當初只準備了五十俵米，最後卻賣出了七百俵。這是爲什麼？主要是當時反對的大多數農家，瞭解「神子原米有市場」，決定不透過ＪＡ銷售，全都交給我們市公所處理。ＪＡ的一等米一俵僅值一萬三千日圓，交給我們則是以超過三倍的四萬兩千日圓收購。如果你是生產者，會選擇哪一方？大家當然選擇出價高的一方。因此，生產者與其照ＪＡ開的價格出售，還不如以自行制定的價格直銷更划算。

飢餓行銷的戰略

我們還採取了一項策略。

對方若是從東京的田園調布打電話來詢問，我們絕對不賣。也不賣給住在白金、成城或目白一帶的人。我們因此拒絕了將近六十件買賣。只要是從高級住宅區打電話來訂購，一律回答：「前幾天還有存貨，但現在已經賣完了。」

「請您問問常去的百貨公司吧？也許還有貨喔。」

不過，問了也是白問。我們跟百貨公司並沒有生意往來。

既然如此，爲什麼這麼做呢？因爲我們想讓神子原米擺在高級百貨公司的食品專賣區。富裕階層通常對百貨公司沒有抵抗力，而他們也是我們在電話裡拒絕的客層。他們或許會去詢問常光顧的百貨公司，質疑道：「爲什麼你們架上沒有神子原米？」百貨公司爲了滿足寶貴客戶的需求，一定會把神子原米擺在賣場——。

換句話說，就是飢餓行銷。

過了不久，一家知名百貨公司的採購專員立刻打電話來問：「你們有送給教宗吃的米嗎？」態度頗爲強勢。於是，我們回答道：

「我們只剩一點點了……。如果您有需要，能不能請您派一輛貨車來羽咋市的神子原載貨？」

我們若是低頭拜託對方購買，就會被抽走定價的二五％，還會被索取運費、包裝費，以及保存稻米的冷藏庫費用。未免太過分了。因此，賣方面對採購時總是低人一等，送禮討好成了家常便飯，造成採購擺出高高在上的姿態：「我是來處理你們的商品。」

如果能讓採購低頭，主導權便操之在我。不可以自己低聲下氣請求。我們的目的是讓百貨公司開口說：「拜託您把米賣給我們。」

「你們需要裝米的袋子嗎？一個一個裁好的是一二五日圓。整捲未裁的話……。」

一個袋子賣一二五日圓，我們就有賺了。因爲一個成本只需八十七日圓。

「我們只能打九折。」

一公斤定價六三〇日圓，我們只接受九折出售，絕不允許打七五折賤價出售。

「我們這裡有堆高機，農家也會一起幫忙裝米，如果你們同意以上條件，那就成交吧。」

我們的態度十分強硬，絕不低聲下氣求人。

過了幾天，百貨公司派貨車來載米了。

與各家百貨公司簽約時，我們也只簽一年，隔年就換別家店，例如日本橋的高島屋或池袋的西武百貨、九州的山形屋……。因爲我們害怕與人合夥。有的百貨公司賣到一公斤一〇三五日圓，定價若是不超過一千日圓，對他們來說划不來吧。更何況又是限量。「銷路這麼好，應該多生產一些啊。」雖然有人這麼說，但我們只願意少量出售。物以稀爲貴，愈是限量，愈能彰顯品牌的可貴。

曾為愛馬仕設計的書法家親自揮毫

我們的米袋包裝上寫著「能登　神子原米」。那是延請曾爲愛馬仕設計圍巾的書法家吉川壽一老師親自揮毫。

剛開始心想，若是能請路易．威登為我們設計米袋應該很有意思，所以試著聯繫對方。並且期望包裝上除了「神子原米」文字之外，也能在某處加上「路易．威登與您一同珍惜地球環境」之類的宣傳標語。

可是對方拒絕了。

排除路易．威登後，我們接著調查愛馬仕的設計師。

結果發現了吉川老師的大名。他在二〇〇一年替愛馬仕設計了圍巾，而且本人就住在福井，離羽咋市並不遠。但聽說吉川老師的委託價碼高達數百萬日圓，我們實在沒那麼多錢。於是，我們跳過經紀人，直接拜託吉川老師，懇切地向他說明神子原地區人口過稀高齡化村落的困境：

「老師，我們只能獻上三十公斤米當作謝禮，懇請您為我們揮毫寫上『能登　神子原米』，拜託您了。老師的墨寶將會拯救整個村子。」

吉川老師答應了。應該是被我們的熱忱感動了吧。

不過，此舉觸怒了擔任經紀人的吉川夫人。「我先生平常不接這種工作！」

我立刻自掏腰包買了點心禮盒、驅車前往吉川老師位於福井的住處，跪在他家門口致歉。

儘管如此，吉川老師仍是在部落格裡寫道：「有款白米的包裝用了自己的作品。」眞的很感謝他。

有一天，一位女性打電話來買米，她問道：

「包裝上的『神子原米』四個字，該不會是吉川老師寫的吧？」

可是，我們並沒有在包裝上註明是吉川老師寫的。

吉川壽一老師親自揮毫的「神子原米」。

當我回答：「這位太太，您怎麼這麼清楚？」她回說：

「我是愛馬仕的忠實顧客，覺得那筆法肯定是出自吉川老師之手，所以打電話來問問看。一般的米袋包裝頂多印上文字而已，可是神子原米的包裝與衆不同，很有設計感！」

眞是令人開心。這就是我們請吉川老師揮毫的目的。

總而言之，我們想要打造品牌故事，藉此讓購買的顧客想要與人分享他所知道的「神子原米」。首先是教宗御用米，這一點便足以令人津津樂道。再加上包裝袋請到曾替愛馬仕設計圍巾的書法家揮毫，又添了一則軼事。商品如果有這些品牌故事，購買者就會帶點自豪的心理想要告訴別人，自己爲什麼選擇了這項商品。我們的目的，便是藉此打動人心。

自從神子原米爆紅暢銷，農家各個欣喜不已。

他們本來就有自信種出美味好米，只不過不懂行銷罷了。許多農家因此認同我們的做法，距離設置可以自行架構生產、管理與行銷體系的直銷站目標已不遠。

不過，農家當時不是很清楚我們採取的策略有何意義。即便對他們解釋，愈有影響力的人愈有品牌號召力，能讓教宗吃神子原米可是不得了的大事，他們仍是一知半解：

「你們一直說教宗、教宗的，我問你，教宗跟教皇哪一個比較大？」

「呃，教宗跟教皇是同一個人啊。」

但是我可以感受到，農家的想法已逐漸改變。

如今神子原米已是全日空國際線頭等艙的指定用米，實在可喜可賀。

在外籍記者俱樂部召開記者會

不僅如此，神子原米也用來釀酒。我們與縣內的釀酒商合作，釀出了日本最昂貴的酒——四合瓶[3]售價三萬三千六百日圓的「客人」。我們請世界第一的侍酒師田崎眞也先生率先品嘗，獲譽爲絕佳的日本酒。

不過，這款酒僅在二〇〇五年十二月、於東京有樂町的外籍記者俱樂部向來自十六個國家的外國人宣傳，完全沒有在羽咋市或石川縣境內打廣告。

「我從來沒喝過這麼好喝的日本酒！」

與會的外國人讚不絕口，隨即口耳相傳散播開來。

3　七二〇毫升。

如果當時在羽咋市發表新酒，頂多會在地方報紙上占一個小版面而已。但是選在外籍記者俱樂部讓在場的外國人先飲為快，口碑才會傳開來。隨後傳到日本人耳裡，「眞的那麼好喝嗎！」就會激起好奇心前往購買。

上一章提到神子原地區曾邀請金澤大學副校長召開「鎭民會議」，日本人實在是很古怪的民族，往往貶低身邊的一切，認為這些不值一哂，重視的反而是外在的評價。所以我們反其道而行，透過外國人抬高「客人」的身價。

然而，這種做法引來當地報紙在社論裡大肆批判：

「羽咋市的所作所為根本是重都市而輕鄉村。不僅稻米在東京的百貨公司販售，連新酒的試飲會也在東京舉行。既然產品如此優良，為何不在縣內的百貨公司上架？當初由縣長品嘗新酒不也很好？」

話雖如此，我們的產品既是如此優良，為什麼縣內的百貨公司不願意比東京的百貨公司先來洽談：「我想賣你們的產品！」呢？因為同樣屬於石川縣，所以對在地人不屑一顧。

議會裡也一樣議論紛紛。

「釀造這麼昂貴的酒，不符合一般老百姓的需求。」

我們本來就不是釀造給一般老百姓喝，而是特意釀成高價酒、打造自家品牌。

有的議員說道：

「我很擔心村落的未來，才會說出重話。」

但這種議員才不會管村落的死活。要是真的擔心，那就買下一瓶三萬三千六百日圓的酒，神子原的農家肯定更開心。這才是發自內心的關切。

我們就是故意做些有勇無謀、製造衝突、惹人非議的事情。這種做法絕對稱不上正確，但不這麼做，便無法達到宣傳及銷售效果。

目前中國的富裕階層每一年都會跟我們買一百瓶「客人」。據說他們的貴客收到這款「日本頂級美酒」時，顯得非常開心。

我們當然也將這款酒獻給了教宗。

神子原米與「客人」美酒，同樣登上了奢華雜誌。

各位知道《*Club Concierge*》這本雜誌嗎？這是年收入數億日圓的人閱讀的雜誌。翻開第一頁便讓我嚇了一跳，竟然是要出售城堡。刷卡就能購買一座法國的城堡，售價一百八十二億日圓。除此之外，還有出售私人噴射機與遊艇，品項五花八門。接著登場的是五公斤三千五百日圓的米，以及三萬三千六百日圓的酒。換句話說，這本雜誌所介紹的神子原米與「客人」，是眞正配得上日本這群金字塔頂端的少數名流所享用的好米與美酒。我的能力並不足以讓雜誌介紹這兩項產品，是因爲教宗食用的米才登上這本雜誌。教宗的力量果然無遠弗屆，他與我的等級有如天壤之別。

最後，《讀賣新聞》也在全國版報紙上以高級名米爲名介紹神子原米。《朝日新聞》也是如此。並不是我們自己稱它爲高級名米，是媒體自行定義、替我們宣傳的。

神子原米的品牌之路，終於展現了一點成果。

與艾倫・杜卡斯合作

法國餐飲界極富盛名的艾倫・杜卡斯（Alain Ducasse），是史上最年輕的米其林三星得主。二〇〇八年秋天，艾倫集團中的首席侍酒師傑哈・馬瓊（Gérard Margeon）得知神子原米是教宗御用米，特地遠從巴黎來到神子原。

當他要求：「帶我去看梯田吧！」我們隨即帶他前往。他快步走到梯田，突然當場捲起袖子，手指往田裡的土壤戳下去。接著拔出手指聞了聞，還嘗了嘗！我們在旁看得目瞪口呆：「這是在幹嘛啊？」

這裡必須對他說聲抱歉，當時我還跟同行的同事低聲說道：「侍酒師就算對酒瞭若指掌，也不可能懂種田吧？」結果，他卻突然把手指戳入土裡聞著嘗著。隨後觀察稻穗，將它捧在手裡數著顆粒。沒想到，他竟然說道：

「收割日期應該在〇天後吧？」

完全正確。我們似乎太小看他了。

我們問他，為什麼這麼瞭解？他說道：

「我會親自走訪店裡所有食材的生產地，如果有待選的葡萄或番茄，我會直接去看它的田，聞聞地面、嘗嘗土質，再來決定用哪一種。」

不愧是艾倫·杜卡斯集團的首席侍酒師，對自己的堅持絲毫不讓步。我們佩服得五體投地。從來沒看過有人為了確認田地的土壤品質，特別去嗅聞、甚至品嘗土的味道，更何況還說得出收割稻米的時間。他的所作所爲，儼然江戶時期四處巡田的官吏。當時的巡田官吏即是藉此分析今年收成如何、收穫量大約幾俵。

他接著說道：

「我想釀造適合法國料理的日本酒。」

適合法國料理的日本酒……。事實上，前面提到的「客人」，就是爲了迎合外國人的口味而採用紅酒酵母釀造。不過，光是如此還不足以搭配法國料理。於是，他決定自己來當釀酒人，試著使用神子原米釀出適合法國料理的酒。

在石川縣的釀酒商協助之下，花了兩年時間，終於在二〇一〇年五月二十七日大功告成。法國約有一千瓶、日本則有數百瓶。前往銀座香奈兒大樓（CHANEL GINZA BUILDING）的「BEIGE ALAIN DUCASSE TOKYO」餐廳，即可品嘗這款酒，但要價十分昂貴。

我不太喜歡日本酒，但這款酒很容易入喉。沒有日本酒特有的臭味，反而帶點果香，同時有些辛辣，並有微微氣泡。這就是他心目中最適合法國料理的米釀葡萄酒。也是口感極爲細膩的葡萄酒，而且是用米釀造的。這款酒如願在法國銷售，我們成功登上巴黎的舞臺！

顛覆不科學的前例

爲了維持神子原米的品質，我們自二〇〇六年起利用人造衛星檢驗稻米的食味。不少人非常驚訝：「竟然能用人造衛星檢驗稻米的食味嗎？」而這是美國栽種釀酒用的葡萄時，用來觀測土壤的寶貴技術。

爲什麼可以運用人造衛星辨識稻米的成分呢？

過去都是以米檢（米穀檢查）來檢驗稻米。檢查時，將一根中空的不銹鋼管戳進裝米用的草袋裡再抽出來，藉此評鑑稻米品質的優劣。舉例來說，一千粒米中如果有三顆乳白粒[4]，即鑑定爲二等米。一等米一俵可賣一萬三千日圓，判定爲二等米即落到九千

4　根據日本農林水產省的分類，未熟的穀粒共分為乳白粒、心白粒、青未熟粒、基部未熟粒、腹白未熟粒、背白粒、粉狀質粒及其他未熟穀粒等數種。

日圓左右。品質更差的米則是一文不值，連等級都排不上，只能以賤價出售。然而，各位不覺得奇怪嗎？如果稻米裡有乳白粒，利用色選機（色彩選別機）剔除不就好了嗎？剩下來的好米直接當成一等米出售即可。換句話說，ＪＡ並不是依照稻米本身的食味來判定好壞，而是只憑外觀來辨識一等米、二等米或等級外。可是，光靠外觀就能瞭解箇中滋味嗎？

我當時詢問農家，究竟怎麼辨別稻米品質的優劣？他們告訴我，是用食味檢驗裝置加以辨識。他們也實際操作給我看，先將糙米放進透明盒子裡，置入檢驗儀器後，機器運作聲響起，不久即列印出一張小卡，標示水分值○％、蛋白質○％、直鏈澱粉（Amylose）○％、脂肪酸○％，最後一項便是評分的分數。真的很有意思。但再測量一次，分數竟然不同。明明是同樣的米粒。

「等等，這儀器是不是有問題啊？」

過了幾個鐘頭再用同樣的米粒測量一次，結果又不一樣。這下真的覺得：「嗯，這儀器有問題吧。」我想瞭解檢驗裝置的迴路圖，於是打電話給製造商，向技術人員請教一些簡單的原理。

廠商以傳眞送來迴路圖，我便利用反射波加以測試。結果發現：「這也太奇怪了吧？只用反射波就能測出米粒的脂肪酸、蛋白質或直鏈澱粉數値的話，根本能拿到比諾貝爾獎還厲害的專利啊！」以反射波測試時，數值即因爲電極不穩定而大受影響，誤差範圍甚至超過正負二〇％。熟悉科學的朋友直言，這種東西稱不上是檢驗儀器，頂多是測試器罷了。而它竟然要價三百萬日圓，簡直跟詐欺沒兩樣。我怎麼看都覺得農家和JA受騙了。

當我問農家，送去檢驗的稻米究竟是從哪一塊田收成的？他回答道：

「我也不曉得到底是送哪裡的米去檢驗。」

並不是所有田地都具備相同的日照、排水等條件，更何況神子原的梯田還有高低落差……，每一塊田種出來的米，食味當然也不同。可是，農家無法得知檢驗的到底是哪一塊田的米，還得七上八下地擔憂今年檢驗出來的分數高低。

這一點也不合理，實在有違科學精神。既然如此，不如採用其他方式比較好吧？

用人造衛星尋找美味的米

於此同時，我有機會聯絡上在NASA（美國航空暨太空總署）艾姆斯研究中心（Ames Research Center，ARC）工作的科學家朋友、理查・海恩斯（Richard Haines）博士，跟他提起稻米食味檢驗儀器造假事件時，他對我說：

「日本爲什麼不用人造衛星呢？」

我問道：「一般人可以隨意使用人造衛星嗎？」

「在美國很常用啊，葡萄農家就用它來觀測土壤喔。」

竟然有這一回事？朋友的一番話使我茅塞頓開。既然美國常使用，日本應該也做得到啊。我立即著手查詢網路相關資訊。

人造衛星利用的是光譜分析。也就是從高達四五〇公里的高空上，以肉眼看不到的近紅外線（接近可視光的紅外線）照射水田裡的稻子，同時觀測稻子對近紅外線的反射率與吸收率，藉此推算出米粒所含的蛋白質比率。這種方式稱爲非破壞檢測，不必破壞米粒就能檢驗其中的內容，驗出來的數值也比食味檢驗儀器更詳盡。重點是不會有誤差。一次拍攝的範圍甚至達到一百平方公里，畫質爲一像素六十公分×六十公分的高解析度，能夠以五個階段辨識蛋白質的含量。透過這種方式，一下子便能看出某一塊田地的稻米品質是好是壞。

蛋白質含量高的米粒會使食味降低，吃起來不美味。一般來說，食味佳的蛋白質含量應該低於六％。若是有了這項檢測機制，便能在收割稻米之前瞭解蛋白質的含量，分出優質米與劣質米，或是將品質相同的米混在一起出貨。除此之外，如果能將各塊田地的稻米品質資訊建檔，這個資訊也能當作下個年度分配肥料的參考依據。

我接著調查哪一家公司的人造衛星比較好，發現美國的衛星影像服務業者DigitalGlobe的捷鳥（Quickbird）衛星似乎不錯，而該公司的股東之一就是美國國防部。想要使用精確度最高的衛星，的確需要國防部的許可才行。畢竟連十日圓硬幣、二十五美分硬幣、誰跟誰見了面、哪輛車子要開往哪裡都能透過衛星看得一清二楚，不節制一點難免會造成困擾。美國設有國家偵察局（ＮＲＯ），便常利用間諜衛星執行偵測任務。因此，北韓準備發射火箭的相關情報，美國全都經由人造衛星得知。但這是題外話了。

看了對方送來的報價，竟然十分低廉。一平方公里只需〇美元的價格，不禁讓我心中竊喜。一次的檢測價格換算成日圓大約是三十七萬，反觀日本，由於中間得透過好幾家公司，費用便高達三百萬日圓。如果進一步要求圖像分析，價格更是暴漲。

不過，在與DigitalGlobe公司接洽過程中，我瞭解到一點，若是能自行研發分析軟體，就能在日本以十分之一以下的低廉價格檢測稻米的食味。

話雖如此，三十七萬日圓對於財務困窘的我們而言，仍是一筆龐大負擔。我的做法是與DigitalGlobe公司在日本的窗口、日立解決方案公司（Hitachi Solutions）洽談：

「我們需要相關資料向客戶推銷，能不能請你拍攝神子原地區，讓我們看看精確度到底有多高？」

對方答應了。我便帶著神子原地區的水田觀測試拍照片資料前往新潟縣，向ＪＡ大力推銷：

「利用人造衛星檢測稻米的食味，結果會比目前的食味檢驗儀器更詳盡。如果由我們自己來檢測，成本甚至不到之前的十分之一。」

新潟縣立即接受我們的提議。由於神子原地區的資料是「試拍」，當然免費。簡直是一舉兩得。如果經費綽綽有餘，就不會想到這個點子。正因爲沒錢，才不得不絞盡腦汁。

比大公司更便宜的公營事業

利用人造衛星檢測稻米的食味。由於這是官方的營利事業，我們因此召開了第一項公營事業記者會。藉此昭告天下，神子原又展開獨一無二的嘗試了！

某一縣的ＪＡ曾經委託日本一家無人不知、無人不曉的超有名公司利用人造衛星觀測田地，光是拍攝一次的費用便索價超過三百萬日圓。該公司還說，一定要購買專用的硬體設備，否則無法分析拍攝的衛星圖像。他們因此付了總金額一千兩百萬日圓。

實在是謊話連篇，專騙不懂人造衛星商務的人。經過調查後發現，一般家用電腦即可分析圖像，根本不需購買專用硬體。因爲不懂，才會被騙。有的業者就是見政府機構和ＪＡ懵懂可欺，而將他們玩弄於股掌之間。

當我們提到，如果其他縣市的ＪＡ想要觀測田地，可以由羽咋市公所直接向

DigitalGlobe公司洽談，價格非常低廉。大家都不敢相信如此便宜，問道：「難道是駕駛賽斯納（Cessna）小型飛機拍攝嗎？」用賽斯納小飛機更貴呀，飛一趟就要三百萬日圓左右。但是，剛開始誰也不相信。

我們和DigitalGlobe公司之間雖然有生意往來，但不需要購買人造衛星。只要跟對方說幾月幾日需要人造衛星從哪個地區的上空拍攝圖像，我們再利用圖像分析軟體下載資料即可。一般家用電腦也綽綽有餘。初期幾乎不需要投入資金，頂多支付軟體費用而已。一個人也能做得到。拍攝一次的基本費用，含稅價格爲四十三萬五百日圓，觀測範圍可達到十公里×十公里的一百平方公里。付完DigitalGlobe公司所需的拍攝費用後，剩下來的差額便存入羽咋市公所的帳戶。至於其他的分析費用，則收取一反步（三百坪）五百日圓。

光說不練的人永遠一堆理由

羽咋市於二〇〇六年九月二十七日，根據八月中旬透過人造衛星拍攝稻米收割前的圖像資料，公布了影響稻米食味的蛋白質含有率檢驗結果。一般來說，蛋白質含有率未滿六%的米粒食味較佳，當我們在資料上以顏色標示出許多蛋白質不及六%的水田區塊時，即證明了從科學的角度來看，神子原米確實是美味好米。

我們的食味分析方法，是將美國民間發射至上空約四五〇公里處的人造衛星「捷鳥」所拍攝的水田圖像資料，按照不同顏色加以區分。依序是食味極佳、蛋白質含有率未滿五．五%的藍色區塊；以及淺藍色（含有率未滿五．五～六%）、綠色（含有率未滿六～六．五%）、黃色（含有率未滿六．五～七%）、紅色（含有率七%以上），共計五種顏色。而神子原地區的檢測結果相當不錯，有不少水田屬於藍色或淺藍色區塊。由於是一像素六十公分×六十公分的高解析度畫質，所以能讀取到十分詳盡的資料。

我們也因此發現了一件有趣的事。

標示為紅色的區塊是不合格的，種出來的米非常難吃。田地的收穫量卻是每一千平方公尺就有十俵以上、甚至多達十一俵至十二俵。因為過度施肥，產量才會如此驚人。JA目前採用的體系就是以增加產量為主。重產量不重品質的後果，便是生產這麼多難吃的米。看了人造衛星的圖像資料後，我打算以高價賣出標示為藍色、淺藍色及綠色區

由人造衛星拍攝，神子原地區附近的稻米食味分析圖像資料。

塊的美味好米，並以賤價出售黃色及紅色區塊的難吃劣米。

除了可以利用人造衛星檢測蛋白質含量之外，也能藉此瞭解土壤狀態與葉子的農藥飄移（Drift）情形。所有一切歷歷可辨。

儘管有農家自豪地說：

「我們家沒有用農藥，是完全有機栽培。」

但是看了圖像資料後，一切無所遁形：「喂喂，這根本有灑農藥啊！」圖像資料也能顯示河川資訊。包括等深線與大海深度，甚至連河川含氧量、海底淡水湧出處等資訊都能查得一清二楚。

人造衛星實在是方便好用的寶貴工具。

因此，不要抱著事不關己的態度冷眼看待先進科技，而是實際嘗試看看。不知道怎麼用嗎？學了就會啊。多操作幾次就熟悉了。

若是以人工方式鉅細靡遺觀測田地，少說也要半年時間。耗費的時間及人力成本十分龐大。可是利用人造衛星，拍攝一次便一目瞭然。總而言之，這是一邊調查、一邊思考的過程。人造衛星的運用上，一定還有無限潛能等著我們去探索。

然而，沒有一處公所機構採用人造衛星。為什麼不使用呢？一問之下，理由千百種。

「唉——，那麼貴，我們買不起。」

「那個太專業了，我們不會用。」

「那是農林水產省研究部門才有的，我們這裡不可能有。」

大家根本連試都沒試就打退堂鼓。不覺得很可惜嗎？前面也提到過，而這一次再度深刻體會到，最愚昧的策略，莫過於忽略潛力。

打動人心的方法

活化人口過稀高齡化村落的發展計畫總算接近最終階段——。

二〇〇五年四月，在市長的號令之下，活化人口過稀高齡化聚落以及建立農產品自有品牌的「山彥計畫」於焉展開。當時的神子原地區高齡者比率高達五四％，個人覺得最主要的原因是農家一年平均收入竟然只有八十七萬日圓，簡直低得令人不敢置信。不想繼承家業的年輕人因此離開神子原。我深深覺得，唯有由生產者自行建立可以自己制定農作物價格的生產、管理與流通的體系才是治本之法。

然而，我跟農家提出來時，一六九戶裡只有三戶贊成。他們認爲：「農家怎麼可能會賣東西！」

「你就賣給我們看看，賣出去了，我們再跟進。」

幾乎所有農家都這麼說。於是，市公所在二〇〇五年、二〇〇六年這兩年間賣起稻米。雖然過去從來沒有賣過東西，但是我們絞盡腦汁努力推銷，終於獲得成功。打動人心之前，自己先做做看，再讓對方跟著做；如果不能讓對方產生認同感，他們絕對不會有所行動。因此，我們遵照約定，在第三年讓農家自己賣米。

也就是由農家自行成立公司，開設直銷站。

我請所有人前來神子原地區的公民會館聽說明會。

由於先前順利推動「閒置農地與閒置農家資訊銀行制度」與「梯田認養制度」、「烏帽子親農家制度」以及神子原米品牌化等項目，我們與農家之間已建立起良好的關係，再加上之前說好：「你如果賣得掉，我們就跟進。」於是心想，這一次應該會很順利。

我先說完直銷站的優點，接著談到一開始先從資金成本約三百萬日圓的小規模公司做起。我也對農家說明，成立之後應該會連續虧損五年，到了第六年會有起色，逐漸轉虧爲盈。雖然設想得十分嚴苛，但這也是事實，畢竟無法保證一下子就能賺到錢。

結果，當場就被嗆：

「成立公司沒那麼簡單，你到底懂不懂啊！」

對方曾經任職於縣政府，繼續說道：

「我在縣政府工作很久了，這麼多年下來，從來沒看過只由農家出資的公司有賺錢！」

或許是「曾在縣政府工作過」的履歷產生了影響力，所有人異口同聲地附和：「我們也反對！」

「要我們開公司，最後破產了怎麼辦？」

「要是失敗了，誰來負責！」

「我們的米是有銷路，但是蔬菜賣不出去、拖垮公司怎麼辦！」

舊戲重演，心情頓時跌落谷底。

至少，我們已經讓農家明白自家種的米有銷路。不過，對他們來說，將產品交給別人販售固然是好，但是由自己親自出馬，實在感到擔心害怕。二〇〇五年時跟農家約定：「下次就換你們了。」「如果我能把米賣掉，下次就換你們成立公司，自己銷售喔。」農家也答應了：

「好啊——，我們說什麼也要做給你看！」

「那就一言為定！」明明都說好了，又得從頭來過……。

隔週照樣開會。下一週也是。我們也曾經一星期開了三次會。

「如果要增加收入，各位只能設定不會虧本的價格出售。」

「不要倚靠市公所或ＪＡ，憑自己的力量銷售，一定會賺錢。」

我不厭其煩地遊說那些農家。由於他們已經實際瞭解不透過ＪＡ銷售神子原米，反而更賺錢，事情多少有一點進展。

「可是，公司如果破產了怎麼辦！」

「誰來負責啊！」

反對聲浪又使得情況倒退。

「虧錢的話，市公所要全額補貼我們！」

「沒錯！一定要寫一份保證書，註明虧損的話，要由市公所補貼！公司如果沒有跟市長簽這份備忘錄，我們不會輕易答應這件事！」

情況又倒退了，而且是退了三步、四步、五步……。

我早就說過，一定要拿掉ＪＡ和市公所這兩個輔助輪才行。可是大家都不明白。所有人都實際體認到，不透過ＪＡ販售神子原米反而更賺錢，卻一直想為自己安上輔助輪。就像騎自行車一樣，稍微傾斜晃了一下，就想要立刻裝上輔助輪。

「我是擔心家鄉才這樣說的！」

「我是認真思考將來的前途才這麼說的！」

這種說詞簡直聽膩到不想再聽了。連做都還沒做就反對，一味反對不就什麼都不用做了嗎？我的語氣也強硬起來：

「那麼擔心的話，不會多失敗幾次再爬起來嗎！」

這時候，一個菸灰缸「咻！」地朝我扔過來，裡頭還有燃著的菸蒂。

開四十五次會，耗到對方死心投降

一個裡頭還有未熄菸蒂的菸灰缸迎面飛來，我差點衝口說出：「王八蛋！」但我僅側身閃過。

現場氣氛劍拔弩張，可是我不當一回事，繼續把話說完。在這種場合吵架實在毫無意義。

「剛開始或許不會順利，也有可能連續虧損五年。但是，連從來沒賣過東西的市公所人員都能把米賣掉了，更何況各位對米瞭若指掌，一定會成功！」

「你不會重寫計畫書嗎？不要寫會虧損的，寫一份會賺錢的計畫書不就好了！」

「如果有紙上談兵就能賺大錢的計畫書，日本就不會有那麼多公司虧損。虧錢有什麼關係？多失敗幾次也沒什麼不好。大家不妨趁這機會獨立自主啊。」

這一天以不歡而散收場。

農家參觀了一年創下七億日圓商機的筑波市「瑞穗村市場」之後，有的人深受感動，直呼有意思！然而，眞正輪到自己來做時卻心生怯意。失敗眞的很可怕，所以畏縮不前。雙方談話始終毫無交集，一星期開三次會已成了常態。開會次數也早就超過三十次。這是一場持久戰。每一次都是我說：「不要害怕失敗，做做看吧。」農家一定會有人反駁：「誰來負起失敗的責任？」沒完沒了地重複同樣的戲碼。

我也不知該如何是好。

就在此時，我有了一個想法。

乾脆多開幾次會。與其拚老命說服對方，不如抱著長期抗戰的打算，耗到對方死心投降爲止。經歷過數次唇槍舌劍，我已能掌握住一項特徵。人是有習性的。一旦讓人覺得：「唉，那個人又在說同樣的話了。」身邊的人就會制止他：

「你又來了，之前不是說過了嗎！」

這就是來自內部的阻力。我見機不可失，立刻附和道：

「是的，沒錯。您在第三次會議時也說了同樣的話。」

因爲所有人的發言都記在議事錄裡。

當會議沒完沒了地開下去，大家也會疲累難耐，就會砲轟反覆同樣說詞的人：

「你有完沒完啊，那件事不是已經解決了嗎！」

「怎麼可能寫出保證賺錢的計畫書啊！」

大家會替我把想說的話說出來，我只需在一旁查閱議事錄。

「啊，您在第五次會議裡說了同樣的話，還有第十二次會議裡也說過。」

於是，只會抱怨同一件事的人每次開口就會被其他人罵，態度因此轉爲低調。反對意見也愈來愈少。

然而，每個人都會出席會議。因爲，要是在自己缺席期間表決通過「成立公司」，說什麼也嚥不下這口氣吧，所以不想來也得來。由於農家日出而做，到了晚上開會便撐不住而頻頻打瞌睡。每個人都想快點結束會議，可是找不出所有人都能認同的理由，使得情況陷入膠著。

會議一路開到了第四十五次。

有位H先生說道：「我昨天打小鋼珠輸了兩萬日圓。」

「各位，不然這樣吧。就當作一天打小鋼珠輸兩萬日圓，由一五〇戶湊出三百萬日圓的資金吧？」

此話一出，現場氣氛隨之一變。反對意見消失了。

這一年來開了四十五次會，終於決定成立直銷站。

事實上，我之前就聽過H先生提起這件事。爲了打破膠著的情況，心想只能利用這個話題，因此事先拜託H先生在開會時說出來。最後賭這一把，總算成功了。

我們也立即選出社長。很有領袖風範的T先生當場問道：「五十歲組的舉手！」席間有四、五人舉手。「來，說一下你們的生日。」每個人一一報上生日後，T先生隨即說道：「松本，你最年輕嘛，明天由你當社長啦！」社長就這麼選出來了。

遺憾的是，並不是每一戶都參與，而是一六九戶裡的一三一戶。不過，多虧這些出資者，我們得以在二〇〇七年三月十四日成立資本額三百萬日圓的公司。

賣點掌握在女性手中

前面提到的會議全都由男性出席。應該說，只有男性參加。我問了他們，爲什麼太太不來開會呢？他們說：

「女人小孩在場的話，這麼重要的會議怎麼可能開得成！」

我覺得很不可思議。直銷站開幕後，負責操作收銀機的是太太，在加工所將農產品處理成一・五次產業產品並且上架銷售的也是太太。爲什麼不聽女性的意見，只由男性決定一切呢？

於是，我決定召開只有女性成員的會議。

剛開始，有人怯怯地說：「我可以嗎……。」最後在具大姊風範的人物號召之下，找來了約二十人來開會。事實上，市公所在過去兩年裡銷售稻米時，曾經讓女性舉辦料理大賽，看看她們想在直銷站推出哪些產品。像是「請製作牡丹餅」「請試做海苔壽司」，品嘗之後再找出可以實際販售的產品。

「啊——，這個會大賣哦！」

「做成辣味的『南蠻味噌』應該很好賣吧？」

「這個不錯欸！如果裝在小容器裡、定價兩百日圓的話，肯定大賣！」

「你會買吧？」

「會啊，我會買！」

我們就是這樣決定產品項目。大家和樂融融地烹煮料理，其中有人做了「老公的宵夜便當」，內容則是烤鰻魚飯及茖蔥等食材，讓人在晚上吃了精力旺盛。相形之下，女性對於直銷站顯得更有熱忱，甚至想了口號彼此打氣：「成功經營直銷站，帶老公去夏威夷！」眞是了不起啊！

當我問她們，直銷站裡需要哪些設備？她們不但提出雙層流理臺、冷藏庫、眞空包裝機、製冰機等具體建議，也思考了方便工作的通風管道位置。

我也徵求男性的意見，但是他們只注重外觀。例如說，他們希望直銷站採用瓦片屋頂的傳統民家風格；外面還有抽取河水「喀噔喀噔」運轉的水車小屋，屋頂則是稻草葺成的。可是，按照他們的要求去做，少說也得花五百萬至六百萬日圓。砸重金打造外觀的結果，導致裡面空空如也。所以我堅持遵照那些太太的所有需求，並且使用組合式建築，因爲外觀太豪華會嚇跑顧客，以爲店裡販售的都是高價產品。而太太似乎認爲平凡無奇的組合式建築，反而會令人覺得裡面賣的是經濟又實惠的優良產品。

最後，我給男性看設計圖定稿。他們看了紛紛大吵大嚷：

「誰說要用組合式建築的？」

「我說的水車，跑哪去了！」

「喂，你完全沒採用我們的意見啊，是怎樣啊！」

我只得無可奈何地說：

「看起來或許沒採用各位的意見，可是我們採用了太太提出來的所有建議。」

此話一出，立刻引來不滿：

「你是瞧不起我們啊！」

「我怎麼可能瞧不起各位呢？這裡面最貴的小型稻穀處理機械，不就是各位的意見嗎？像是遠紅外線稻穀乾燥機、色選機、可以容納一百俵米的冷藏庫、起重機，一個也沒漏掉，全部都有包括在內啊。但是，我希望各位想一想，將來操作收銀機的是誰？又是誰來捏飯糰的？」

話一說完，再也沒有人出言反駁。

開設農家經營的直銷站

農業法人「神子之鄉」（神子の里）直銷站，是由一六九戶農家中的一三一戶擔任股東出資成立的有限公司。JA及羽咋市一毛錢也沒出。用地收購費、建築物、相關設施等費用約一億一千四百萬日圓，全都出自農林水產省的補助金。

公司章程所載的營業項目，包括生產及販售農畜產品；製造、加工及販售以農畜產品爲原料的食品；製造及販售農業生產所需的生產器具；農作業受託事業；受託保全農地及農路等作業；販售生活用品；新進務農者的研修、接納與培養等等。

直銷站與國道四一五號線的神子原公民會館相毗鄰，占地面積二八〇〇平方公尺、

由女性構思的組合式建築「神子之鄉」。

建築物面積約二八五平方公尺，包括販賣處、加工及備菜處理室、辦公室、廁所以及蕎麥麵店（是很好吃的手工蕎麥麵哦！）。

販賣處的面積不到七十八平方公尺，但是在空間配置上花了許多巧思，可陳列許多產品。除此之外，也有儲藏庫與停車場。

二〇〇七年七月七日，直銷站正式開幕。由於這裡可以買到神子原米，上門的顧客比預期的還多。站內除了販售標示生產者姓名的小黃瓜及南瓜、番茄等神子原地區當地生產的農作物，也有神子原米製成的飯糰、年糕等加工品，還有蕎麥粉製成的辣味烤餡餅、迷你蕎麥蛋糕捲等等，這些以特產品蕎麥製成的創意料理也十分受歡迎。我們當初設定到隔年三月三十一日爲止的營業目標是兩千萬日圓，結果遠遠超越，高達六千八百萬日圓。原本做好第一年會虧損的心理準備，沒想到大幅獲利。

我們的價格定得與超市一樣或稍微高一點，絕對不推出低於一百日圓的產品，也不允許以賤價拚業績。因爲這麼做只會使農家作繭自縛。既然是用心製作的產品，就要以合理的價格出售。同樣是定價一五〇日圓的產品，由於在超市上架及流通的過程中不斷被收取費用，生產者最後僅能拿到微薄金額。相較之下，自行生產銷售的直銷站賺得更多，只需扣除一五％的手續費，其他全部進到生產者口袋裡。

農業最大的缺點便是由第三者制定價格上市銷售。唯有改革現行的流通方式，才是改變農業的正確做法。否則的話，再多改革對於批發業、中間廠商、運輸業等流通業者根本不痛不癢。唯獨第一次產業者深受其害。而直銷站的存在，便能解決這個問題。

直銷站的工作人員包括兼職人員在內共十名。每星期四公休（三月至十二月不休息），營業時間從早上九點到晚上六點（十二月至二月營業至下午五點）。加工所分爲飯糰班、熟食班、點心班等幾個小組，再請太太們分成上午、中午、傍晚三個班次依序工作。此外，在自家製造加工產品必須經過食品衛生法的審核，所以我們以公司名義取得加工許可證，並在直銷站裡建造加工所，做完之後即可上架銷售。

不過，有的人或許因爲產品上頭標示著自己的名字，反而不好意思定價格。也有的老奶奶把品質優良的農產品分給別人或者拿到市場銷售，剩下的便拿到直銷站。因此，我們請響應「閒置農地與閒置農家資訊銀行制度」而來到菅池、後來經營「神音咖啡店」的武藤先生擔任第一代店長。由於社長是當地人，聽到老爺爺、老奶奶說：「喂，這個也拿去店裡賣吧。」就算產品賣相不佳，也很難拒絕。這時候便需要外地來的人扮黑臉嚴格把關，對於將來的銷售工作也有好處。我請武藤先生轉告大家：「剩下的請在家裡處理掉，只把品質好的帶來直銷站。」

我也跟著附和：「我們的直銷站只賣最好吃、最優良的產品。至於爛貨，請大家拿去給ＪＡ（笑）。」

我們就這麼一點一滴建立起直銷站的規模。

不久，ＪＡ的業務部長漲紅著臉慌忙跑來。

「你叫大家把爛貨拿給ＪＡ，是眞的嗎？」

我回答道：「眞的啊。」部長立刻大怒：「豈有此理——！」

JA只憑外觀與數量辨識農作物，根本不管品質是好是壞。所以我們才使用人造衛星檢測稻米的內容，因爲消費者不容欺騙。

再也不做「等待指示的農家」

環顧直銷站，我發現，不少生產者在與購買自家產品的顧客閒談時顯得十分高興。

「這是你自己做的吧？很好吃耶。」

「謝謝你的讚美，我會努力做得更好吃！」

一定很開心吧。這不是爲了做生意而做，而是純粹享受製作的樂趣。當顧客說：「這麼好吃的東西，是你做的啊？」農家聽了會倍受鼓舞，不但會想要做出更美味的產品，也會主動研發新產品。於是，有人因此成了蛋糕達人，也有人用自己的名字爲產品命名上架販售，例如「京子的麵包」。其中也有顧客指明要買某位生產者的產品：

「有沒有不二子女士做的蛋糕？」

我覺得眞的很不錯。

不僅如此，我們也引進了銷售點管理系統（ＰＯＳ系統），只要在直銷站結帳時刷過產品條碼，就會以電子郵件通知生產者。「沒必要花大錢引進那種系統，用普通的收銀機就好了啊。」儘管有人反對，但是我不予理會。能在當下立即得知銷售情況，對生產者是一種獎勵。站在生產者的立場來看，這一點成本日後一定會賺回來。

在此之前，農家都是聽從指示，製作產品上市銷售。

「給我這些數量！」「是！」就像這樣等待指示。如果沒有人給予指示，就不知道如何是好：「我們要做什麼產品？」「我們要種多少米、出多少貨？」如今這些農家，已能開設直銷站自行決定一切了。「明年做這種產品應該會賣，來試試看吧！」他們已搖身一變爲自行思考販售的農家，再也不是過去像機器人一樣一個口令、一個動作的農業工作者了。

成立直銷站後，有人一個月可以賣到三十萬日圓以上。有的夫妻兩人加起來月收數十萬日圓，賺得比退休金還要多。也有人推出某項產品賺了超過十萬日圓，因此愈做愈起勁，又增加了兩三項新產品。

其中有人說道：

「自從成立直銷站，我第一次覺得繼續務農是值得的。」真的很開心。

直銷站的產品種類至今約有一千種。這是生產者、社長、店長、工作人員全體用心經營的結果。每個人都是稱職的主角，實在了不起！

有趣的是，「神子之鄉」創設之際，當初持反對意見放話說「沒有人笨到去投資會虧損的公司」的人，隔年卻帶了好幾位顧客來，自豪地說道：

「這就是我們自己成立的公司。」

我實在很想吐槽他：

「咦？你不是沒出資嗎？」

想想還是算了。

開幕後隔年的股東大會上，出資者增加到一四七戶，公司規模擴增到資本額七百萬日圓，供貨的農家也超過兩百位。如今營業額蒸蒸日上，已高達一億日圓以上了。

第四章

動員起來。

——真的實現了「靠幽浮振興地方」！

出生在有五六〇年歷史的寺廟之家

我的另一個身分，實際上是一名僧侶。

我家世代五百六十年來都是羽咋的日蓮宗僧侶，我是第四十一代傳人。父親同樣身兼二職，既是僧侶、也是國家公務員。

自我有記憶以來，便是過著早上六點即聽到「咣、咣」的敲鐘聲、「叩、叩、叩」的木鉦（法器）聲，以及聞著滿室線香味的生活。但是到了週末，衆多信徒與其他僧侶都會聚在我家，還滿吵的。爲什麼父親要頂著大光頭、唸誦鬼畫符般的艱澀漢字呢……。不知不覺間，我心裡有了念頭，將來絕對不要像父親一樣。甚至埋怨過自己爲什麼要生在寺廟之家。父親倒是沒有開口要求我當僧侶，我也無意繼承家業，畢竟我是次子。父親只告訴我，想做什麼就去做吧。

我喜歡操弄機械。小學高年級時自己做了無線電和收音機、能與外界通訊的收發器，經常和年長一歲的哥哥玩耍確認：「聽得到嗎？聽得到嗎？」還有遙控模型，我很喜歡有引擎會動的玩具。有一次，我在半夜忘我地玩著模型飛機，不小心碰到引擎

「嗡～」地發出超大聲響轉起來，因此被父親臭罵：「怎麼回事？吵死了！」不論是收音機、手錶或遙控模型，只要是機械構成的，我就會忍不住拆開來看看到底是怎麼運作，然後再組裝回去。有疑問時，除了翻書還不夠，一定要親自調查才善罷甘休。這樣的個性也一直延續至今吧。

我在羽咋一直待到高中爲止，心裡始終想著：「總有一天要離開這裡。」如今「COSMO ISLE羽咋」已成了羽咋市的地標，當年可是連一個城鎮象徵都沒有。世人頂多知道開車駛過八公里的海濱沙灘後，就是面對日本海的千里濱海岸。當時覺得，這座城鎮毫無希望可言。

從當地的高中畢業後，幾經波折的我選擇就讀立正大學，以便日後成爲日蓮宗的僧侶。在學期間，我開始爲雜誌社寫稿，也擔任電視臺的企畫編劇，做過《11ＰＭ》、《PRESTIGE》（プレステージ）等電視節目。尤其是《11ＰＭ》，我負責的是「水曜イレブン」[1]的幽浮單元，經常與知名的幽浮評論家矢追純一先生碰面。

當時的我努力工作、認眞玩樂，過得十分開心。

然而，就在我二十八歲時，哥哥決定在埼玉縣建造新居，不繼承家業了。我只得回到羽咋，否則誰來照顧父母？這間寺廟在當地的檀家信徒雖然僅約一百戶，但是它在這座城鎮已有五百多年的歷史，可不能讓它斷絕香火。

我如果不繼承寺廟，父親若是有個萬一，我們家就得離開寺廟，從此失去故鄉了……。電視臺及雜誌社的工作雖然有趣，我還是決定回羽咋。

不過，就算回到老家，由於父親仍健在，僅有一百戶檀家信徒的寺廟也不需要兩位住持坐鎮，所以我去外面找工作。羽咋市較有保障的職場首選是市公所，其次是銀行、郵局、JA，只有這四個選項。因爲我不想在那麼死板的地方工作，這段期間也找過其他出路，可是沒有一家公司願意雇用年近三十的人。心急之餘，只求有工作就好……就在此時，我聽說市公所正在招募臨時人員，雖然迫於無奈前往應徵，但結果獲得錄用了。

我的生活也隨之一變。之前待在電視圈裡，在深夜遇到當天初次碰面的人時依然會打招呼說：「早安。」如今則是截然不同，生活作息規律得令人吃驚。

最大的問題在於薪水。由於我是臨時雇員，實質薪資只有六萬八千日圓。什麼也不能買，也付不起前一年薪資所得應繳的稅金。我還記得第一次領到薪水時，驚訝地倒抽一口冷氣：「蛤?!」因爲買不起西裝，只能老是穿著運動衫、休閒鞋去市公所上班。這點薪水當然也結不了婚，光是養活自己就很辛苦了。

第一年，我在稅務課工作，但是那個單位愈做愈令人厭煩，隔年即調到教育委員會的社會教育課。一調過去，便要我負責青年教育，首要任務就是「振興地方、發展村落」。

但是我從來沒參加過青年團這類組織的活動。因爲我討厭團體活動，更不喜歡枯燥乏味的事。眞傷腦筋……。

1　指星期三晚上十一點。

只舉辦「振興地方大會」根本毫無意義

自從竹下登首相說了「鄉土創生」一詞後，當時便常聽到「社區發展」或「振興地方、發展村落」等詞語。

市公所也經常舉辦「振興地方大會」，邀請約七百位市民到文化會館聽演講、聽市民代表致詞、舉辦休閒娛樂等活動。接著在宣傳刊物上以大篇幅報導：「前來文化會館共襄盛舉的市民多達七百位！」目的只在吹噓自己有努力振興地方，甚至吸引了七百位市民參加大會。他們以爲舉辦市民大會便能振興地方發展。

就連演講也是捨近求遠，寧可邀請外地人上臺演說。愈是鄉下地方愈有這種通病。

我一直很納悶：

「幹嘛找東京大學教授來啊？他哪裡懂我們這個城鎮！」

沒住過羽咋的人，又怎麼能瞭解羽咋？然而，上面的人之所以邀請聲名顯赫的人物前來，只不過是爲了提高這場演講的公信力罷了。明明在地也有許多了不起的人才，卻任憑這些「地神」逐漸凋零。這項特點實在令人匪夷所思，竟然有這麼多人認爲在地沒有值得稱許之處。

其中最令人困惑的是：「到底什麼時候才要開始振興地方？」市公所能做的只有舉辦大會而已嗎？振興地方的具體措施，到底哪時候才要執行？難道往後還得繼續召開幾千次市民大會或會議嗎？當我質疑上司，卻遭到斥責：「廢話少說！」我實在不明白，自己說出了眞話，爲什麼還要挨罵？既然如此，我決定自己來做。於是問道：

「我能不能使用公民會館，舉辦振興地方的活動？」

上司回答道：

「你要做就去做。」但是又說了句：「因爲你是臨時雇員，不會提供預算給你喔。」

我依然回答：

「我願意做。」

話雖如此，我卻是超討厭團體活動的青年團無用論者，根本不知道該怎麼指導年輕人、帶領青年團活動。更何況沒有半毛錢預算。

我除了關在圖書館裡拚命翻閱振興地方的相關書籍，也從微薄薪水自掏腰包買了一大堆書。不管怎麼說，想做某件事之前，最重要的便是蒐集資訊。這是我過去擔任電視臺企畫編劇養成的習慣，一定要徹底瞭解才能做得盡善盡美。因此，我接下來著手調查全國一一四個人口數在兩萬人至五萬人的鄉鎮市中，與振興地方有關的成功案例及失敗案例。

振興地方不需要評論家

雖說是「振興地方」，到底要振興自己所在城鎮的哪個部分呢？我發覺，大家一開始就對「何謂城鎮」沒有任何概念。應該沒有人會在日常生活中思考城鎮的意義吧？但仔細想想，構成城鎮這種社會組織的最小單位就是「家庭」，亦即一戶人家。換句話說，只要把自己所在的城鎮視爲大家族或者一戶人家，便能明白何謂城鎮了。比方說，有一戶叫做羽咋的小家庭，家族成員有父親、母親、爺爺、奶奶、女兒、兒子與孫子。當我們看到這戶人家，就會去思考「羽咋」到底是什麼樣的家庭。

接著，我們發現了一個不屬於這家庭的人，也就是評論家。舉例來說，他會嫌端出來的早餐很難吃、很少幫忙洗碗、不打掃玄關、不去擦窗戶、只會嫌東嫌西數落家中缺點……。家裡如果有這種成天抱怨的人，心情也好不到哪去吧，肯定會拜託他趕快離開。而我們正是以評論家的觀點，看待自己所在的城鎮。大肆批判這裡不好、那裡很差、不提供補助金舉辦青年活動、又不蓋新的會館……。話說回來，自己應該對這個家做些什麼呢？

一般來說，人的存在可分成三種。令人困擾的人、可有可無的人以及不可或缺的人。從這一點來考量，就會產生疑問：「這四個青年團活動組織，對羽咋這戶人家來說，有那麼不可或缺嗎？」地方上的人會覺得你們是不可或缺的嗎？自己能夠打動地方上的人嗎……。

答案很明顯，青年團對地方上的人而言是可有可無。而且地方上的人只有一個想法：「青年團垮了，這城鎮照樣活得下去。」問題並不是出在地方上的人身上，而是自己應該要反省。對地方來說，自己到底是不是有用的人？關鍵即在於自己的所作所爲，而周遭的人則是張大眼睛給自己打分數。想到這一點，便發現自己至今的作爲只不過是評論家而已。但是我愈來愈覺得，振興地方不需要評論家。

加深鄉土愛的羽咋金氏世界紀錄

接下來，試著把自己的城鎮想像成一個人，就會出現詭異的光景。沒有人會右手持刀砍自己的左手吧？然而，當人類或者一個家族、幾戶人家共同組成了社會團體時，往往會有這種傾向，一心想要踢開、驅逐、整死自家以外的人。這是因爲人與人之間不再有牽絆，想要保持整體均衡卻失去協調所造成的局面。接著來談談演變成這種情況的因素。

最理想的城鎮是什麼樣子呢？當然是像完整的人體一樣均衡協調。令人舒適自在的城鎮又是什麼樣子呢？這座城鎮貧窮也沒關係、道路設施不完善也不要緊、缺乏現代化設備也無所謂。與相處起來舒適自在的人在一起，心情自然會好，住起來令人安心，晚上也不必鎖門。

話說回來，好人的定義是什麼呢？我們總是喜歡貼上一堆標籤。例如頭銜。像是學歷、地位、名譽等等，貼了一大堆。如今要一張一張撕下來，才能顯現最純粹的本質。「那個人是好人。」能獲得如此讚美的人，並不是拜地位或名譽所賜，而是因爲其本身的美好人格。偉大的人之所以令人崇敬，並不是因爲地位顯赫，而是因爲人格崇高。因爲擁有肉眼看不到的偉大「心靈」，才顯得其人不同凡響。我們竟然忽略了這麼簡單的道理。

若是把羽咋這座城鎭想像成一間房子、或是一個人，並希望它會是一間氣派的屋子、偉大的人、宏偉的城鎭，最重要的便是好好珍惜肉眼看不到的核心部分。也就是城鎭裡的社群，亦即居民對這塊地區所抱持的觀感。因此，首要之務便是「提振心靈」。不先提振心靈，又怎麼能激起熱忱呢？當居民依舊缺乏熱忱，建造再寬廣的道路或再豪華的設施、吸引企業進駐也沒有用。

幾經考量之後，我決定從「提振心靈」著手。

我自己也建立了一套一小時也講不完的長篇理念。理由是當初在調查全國一一四個城鎭的振興案例過程中，我發現成功的關鍵即在於擁有明確的理念及想法，能夠具體說明爲什麼要進行社區發展，以及振興地方到底是怎麼一回事。反觀欠缺理念及想法的失敗案例，頂多維持三、四年，往後便無以爲繼。瞭解這一點後，我便著手建立一套基礎概念，藉此獲得共識。

說到「提振心靈」，究竟該從何著手呢？這時候需要的是找出羽咋的優點，不要一味挑毛病。因此，我請四個青年團組織分別派兩三人在晚上開會，從人物、自然、文化、產業等各種領域中找出羽咋市最優秀、最引以為傲的事物。歷時半年的成果即是由青年團所有成員集資製作而成的《羽咋金氏世界紀錄》，並且免費發送給全市八千戶人家。

我們因此獲得各方迴響。

「我老媽做的味噌最棒！」

「我們家的醬菜是羽咋最好吃的，應該要記在《羽咋金氏世界紀錄》裡啊！」

老爺爺、老奶奶也出來毛遂自薦。我們因此和不曾參與社區發展或青年團活動的長者有了交集。每個人、每個家庭應該都有引以為傲的種種事物。所以我們將它集結成冊，和所有人分享，藉此逐步改變地方上的巷議街談。不僅如此，製作《羽咋金氏世界紀錄》期間，我們也在調查羽咋的古老傳記與傳說時發現了一本奇妙的古文獻。

振興地方的靈感來自當地古文獻

製作《羽咋金氏世界紀錄》期間，公民會館曾經舉辦古文獻講座，我們當時便發現了不可思議的古文獻。根據奈良時代以前編纂的《萬葉集》記載所示，羽咋境內有一座歷史悠久的「氣多大社」神社。接著在神社的古緣起書裡找到了奇妙的敘述：「成山飛行虛空神力自在而……。」也就是說，當時出現了一個法力無邊、可在空中飛翔的物體，就連其他古籍也記載了神奇的「そうはちぼん傳說」。

「眾人以『そうはちぼん』或『ちゅうはちぼん』，稱呼這道自東方緩緩西移至西山半山腰的鬼火。」[2]

「そうはちぼん」指的是一種佛具，雙手垂直拿著兩個草帽狀的器具畫圈互擊。而古籍上說，當時有個這種形狀的發光物體，從東邊飛往西邊的西山半山腰。……這不就是幽浮嗎！

2「そうはちぼん」與「ちゅうはちぼん」指的是外觀類似「鈸」的佛具樂器「妙八」。

「羽咋市竟然有飛碟神話啊！」

渾身雞皮疙瘩都起來了。

不過，要跟人家大談幽浮還是很不好意思，所以一開始是試探地詢問夥伴：「你相信幽浮嗎？」找到幾個志同道合的人之後，再對他們說起古文獻的事。這兩年來，我就是與這群夥伴一齊把所在的城鎮視爲一間房子、一個人，共同建立起振興地方的理論架構，也彼此爭論著如何採取各項行動。

這一次，我們也興高采烈地討論：

「乾脆以古文獻的傳說爲基礎，正式開始振興地方吧！」

可是，我們只有古文獻的複本，光憑這個能夠振興地方嗎？前面也提到，我們曾經調查了一一四個城鎮的實際案例，藉此獲取振興地方的靈感。而每一個成功的案例都有自己的理念。因此，我們想出了以下策略。

第一項是「思源計畫」。由於我們缺乏資金與資源，這項策略便是取「思考起源」之意命名爲「思源」，期望大家「集思廣益」。我們不可能拿一本詭異的古文獻當成振興地方的理由來申請補助經費，因此，主要是以大衆踴躍提供各方面的知識爲基礎。

第二項是「媒體造勢計畫」。我們認爲媒體是振興地方的成敗關鍵，就算只有略微提到也無妨，只要媒體肯報導羽咋的新聞就好。一旦登上報紙、電視新聞或雜誌，對地方而言就是最好的宣傳。

人的行爲順序爲「知→情→意」。「知」是智慧，亦即資訊。當資訊流入自己的眼睛或耳朵裡，就會觸發「情」，也就是打動內心，接著產生「意」而採取行動。因此，想要使人有所行動，就要讓他的眼睛及耳朵接收資訊。所以企業才會從早到晚不停播放廣告。企業的生存之道，便是提高產品的知名度，藉此引起消費者的興趣而購買產品。既然如此，我們就要透過「媒體造勢」來推銷羽咋，而唯有不斷提供新聞材料，才能讓媒體不停報導羽咋的消息。

第三項是「人脈拓展計畫」。我們打算以幽浮當作振興地方的主題，也找了十二位年近三十的人一起參與，但並不是所有人都有人脈。舉例來說，有的人會吹噓：「我認識○○公司的社長。」通常這只是爲了向人炫耀，不過，我們會實際去拜託他：「請介紹給我們認識。」無論對縣內或對縣外，我們都會拜託有特殊管道或人脈的人，幫助拓展自己的人脈。

寫信給雷根總統、柴契爾夫人等名人

我們接著發動「信海戰術」，四處廣發信件。第一封信寄到克里姆林宮，對象是當時的蘇聯共產黨總書記戈巴契夫。我們以俄語在信封寫上收件人姓名，查字典在信裡寫了幾句簡單的「您好」俄語問候，接下來便用英語寫明來意。這封寫給戈巴契夫總書記的信不是出自一人之手，而是所有夥伴每天晚上絞盡腦汁的成果。

信件一開始先介紹羽咋，接著寫道：

「羽咋將以幽浮爲主題展開振興地方活動。不知戈巴契夫總書記有何高見？若不吝賜教，請爲我們寫幾句鼓勵之詞。」

下一封信寫給雷根總統。第三封信則是英國首相柴契爾夫人，其他還有羅馬教宗等等，我們亂槍打鳥似的寄給全球一二〇位重要人物。雖然無法立即收到回覆，我們依然享受寄信的樂趣。

平常有事時，多半以電話或電子郵件聯繫了事，但是最能觸動心靈的工具，仍是手寫信函。我們用笨拙的英語和俄語，不停寄出一封封附上所有人署名的信函，回信機率約四五％，比預期得還要多。一收到回信，我們就立刻讓媒體知道，眞是一舉兩得啊。因爲能將回信當成新聞，我們也滿懷期待靜心等候。

最先收到的是一封來自蘇聯大使館的褐色信函。

我立刻通知大家到公民會館集合。

「戈巴契夫回信了欸，裡面寫些什麼呢……。」

滿懷期待地拿起剪刀剪開信封一看，裡頭是幾本印刷品。包括三、四本《今日蘇聯》冊子，其中還夾著一張紙。

「是戈巴契夫寫的信！」

當我們興奮地攤開來，卻發現信件用文字處理機以日語寫了幾行字：

「非常感謝您寄信函與相關資料至克里姆林宮。由於總書記公務繁忙，不克回信，謹由大使館宣傳部代爲答覆。」

這封信並不是戈巴契夫親筆寫的，而是由大使館代筆。即使如此，我們也很開心。寄信的效果立竿見影！不要認爲不可能而毫無作爲，最重要的是動身嘗試！不要只在腦袋裡思考，親身實踐過後，每個人都會愛上這份樂趣。驅使我們採取行動的信念，就是前面所提到的：

「最愚昧的策略，莫過於忽略潛力。」

只要有一％的可能性，就應該嘗試到底。最愚昧的策略，便是一味認爲絕對做不到而不採取任何行動。人總是會用極其偏狹的經驗與知識判斷事物。有的人即使活到一把年紀了，人生經驗依舊狹隘。相反的，有的人十分年輕，卻已擁有多采多姿的體驗。我們的想法便是一％的可能性也不放棄，勇往直前賭這一％的機會。

對城鎮而言，糟糕得足以「破壞地方」的想法，莫過於失敗了即追究責任歸屬。一旦開始搜尋戰犯、嚴詞怪罪他人時，情況便無法有所進展。而愚笨的人通常會這麼做。

我們思考的另一個重點，是如何轉負爲正？如何使衆人提出有建設性的構想？首先要讓大家體會成就感所帶來的喜悅。如此一來，大家自然靈思泉湧。舉例來說，一個城鎮突然少了一半人口，著實令人悲傷。不過，換個想法便是一樁好事。因爲我們可以寄直郵廣告信給每位離鄉的人，他們便能藉此對外銷售羽咋的特產品。全國若是有一萬名羽咋出身的人離開家鄉，我們就多了一萬名推銷員。想到有這麼多推銷員散布在全國各地，帶來的商機將會多麼驚人。我們能夠轉個念頭，認為這一點對企業而言有益無害。但是，一味追究責任便無法達到這種思考層次。

話說回來，我們原本就有意藉由幽浮振興地方，也將竹下登首相所說的「鄉土創生」一詞的「生」改為同音的「星」[3]。因為我們認為自掃門前雪式的想法未免太無趣，所以不想採用只求自己所在地方發展的社區本位主義。

進行「信海戰術」過程中，從頭到尾都沒有回信的是說出「鄉土創生」的竹下登首相。寄信給國外時，對方至少會請祕書代為回覆，可是我們寄了五次雙掛號給日本首相，卻全都石沉大海。同樣都是日本國民，卻吝於給予隻字片語。日本的行政效率實在令人倍感失望。

3 日語的「生」與「星」讀音同樣為「せい」（se-i）。

透過美聯社、路透社等外電傳播訊息

我們還有另一項策略，稱爲「外圍包抄計畫」。

以一個家庭來比喻，許多人常會大肆批判自己的家人，卻說不出自家人的優點，反而鄰居阿姨比自己還清楚。「你們家的小弟弟，很優秀欸！」父母往往等到鄰居阿姨這麼說，才恍然大悟。可見外界的資訊相當有說服力。我們的「外圍包抄計畫」實行方式如下。

首先在北海道播放新聞：「羽咋將以幽浮爲主題振興地方。」因爲我們認爲，在距離羽咋愈遙遠的地方釋出消息，愈能達到宣傳效果。因此，我們每日每夜不停以傳眞發稿至北海道的報社、電視臺、都市情報誌、雜誌等媒體。當初希望至少能有一家對此有興趣，結果超乎預期。

「前所未有的振興地方妙招。石川縣羽咋市將以幽浮爲主體振興地方。」

羽咋當地沒有一個人知道這件事，卻在北海道部分地區蔚爲話題。接著是九州。我們一樣調查了各縣市的媒體，展開新聞攻勢；下一個則是東北地方。至於石川、富山、福井這三處在地媒體，我們則是守口如瓶了半年。

這麼做是有原因的。一般人若是知道自己竟然不知道家裡發生了什麼事，總是很在意吧？

那時候，去北海道念書的女學生在宿舍聽收音機時，聽到了「羽咋是幽浮之城」這則新聞。朋友驚訝道：「石川縣羽咋不就是你的故鄉嗎？新聞竟然說它是幽浮之城，好～詭異。」這位女生頓時覺得尷尬，立刻打電話問母親，羽咋哪時候成了幽浮之城？母親當然一頭霧水。

「哪有這回事？那是福井，不是羽咋吧？」

「不是啊，新聞確實說是石川縣的羽咋。」

母親聽了有點好奇，開始向各方打聽：

「北海道的廣播說羽咋是幽浮之城，你們有誰知道這回事嗎？」

接下來換九州的報紙寫道：「羽咋是幽浮之城。」大家因此愈來愈好奇，到底是誰傳出來的？由於相鄰的中國地方、東北地方與近畿地方陸續傳來這則消息，當地人再也無法置若罔聞，終於找到消息來源。

「很像是一些年輕人在公民會館弄出來的……。」

我們下一步展開更大規模的「外圍包抄計畫」，將目標瞄準海外，把消息一股腦兒傳給美聯社、法國新聞社以及路透社等外國媒體。當美國的《華爾街日報》（The Wall Street Journal）、前蘇聯的《共青團眞理報》（Komsomolskaya Pravda）等十六家媒體陸續報導有關新聞，終於引起東京報社的注意，新聞就此傳開。

當地村民總算瞭解我們在做的事。然而，雖說要以幽浮當成振興地方的主題，但我們尚在宣傳階段，還沒具體的規畫。於是，大家異口同聲說道：

「我們再不採取行動就糟了。既然已經先宣傳了，接下來要有所作爲啊！」

「幽浮烏龍麵」帶動商店街發展

我們開始思考。

人的日常生活中，最基本的是什麼？自然是民以食爲天。夥伴裡有一位是烏龍麵老店的兒子，我拜託他：

「欸，你從明天起在菜單裡加一道幽浮烏龍麵吧。」

「等等，我要回去問我爸啊。」

隔天傍晚，我們再次聚在公民會館，問道：「喂，幽浮烏龍麵怎麼樣了？」

「我爸不准，說會砸了招牌。」

大家只得繼續央求：「別這樣嘛，拜託加進菜單裡啦！」

但是他依然拒絕：「我爸說，這會成爲一輩子的恥辱，還是算了吧。」

竟然說是「一輩子的恥辱」，未免太嚴重了吧？無奈爲時已晚。當天是星期三，我已經跟《週刊PLAYBOY》的記者說「羽咋有獨家新聞」，請他們星期六來採訪了。

到了星期六，烏龍麵店的老闆正好不在，整個店面便由他兒子接管。我依照行程，去車站接記者與攝影人員。當記者問道：「到底是什麼獨家新聞啊？」我僅回答：「去了就知道。」將一行人帶往烏龍麵店。

進了店內後，記者入座位置的後方牆上，正好貼著一張張寫著菜色的長條紙，有「豆皮烏龍麵」、「炸麵衣烏龍麵」等品項。這些泛黃的長紙條中，唯獨一張簇新的白色長紙條上，用麥克筆寫著：

「幽浮烏龍麵三八〇日圓。」

所謂的幽浮烏龍麵，便是在切成三角形的油豆腐下方加兩塊半圓形魚板。這當然就是幽浮；麵裡的生蛋代表月亮，海帶芽與白蘿蔔苗代表草叢。這碗麵的概念即是在月夜降落至草叢的幽浮。很不賴吧？

烏龍麵老店的兒子將這碗麵「咚！」地放在滿心期待的記者面前。

記者一臉詫異地問道：

「這是什麼？」

「這就是獨家。」

我回答道：

「這碗幽浮烏龍麵，象徵在月夜降落於地球的幽浮。是羽咋才有的……。」

記者聽了，突然雙手抱胸、緊閉雙眼，喃喃自語了許久。我原本想說：「麵條很Q彈。」也緊張得說不出話來。所有人忍著鼓動欲裂的心跳聲，腋下及額頭逐漸冒出汗水，生怕記者大人會不會突然翻桌、不發一語掉頭就走？

過了一會兒，記者忽然張開眼睛，說道：

「感覺滿有趣的嘛。」

引起記者興趣了。我們賭對了這一把！

記者後來寫了一篇報導。我們只提供了寥寥數頁古文獻複本以及幽浮烏龍麵，他卻洋洋灑灑寫了六頁篇幅。

標題則是：「能登半島成了幽浮基地。」

僅僅根據一項資訊，便能寫出十倍、一百倍的內容。就連東京的朋友也跟我說，他在搭山手線電車時，看到裡頭的懸掛式廣告用斗大的金紅色文字寫著：「能登半島成了幽浮基地。」雖然很不好意思，還是非常開心。

雜誌發行後，真的有人攜家帶眷來吃。「製作幽浮烏龍麵的，是你們這家店嗎？」被蒙在鼓裡的烏龍麵店老闆驚訝地回答：「我們沒有賣這一道啊……。」對方立即翻開手上的《週刊PLAYBOY》，說道：「就是這個啊……。」老闆看了傻眼，照片裡的人不就是自己兒子嗎？他竟然笑吟吟地端著幽浮烏龍麵示意著：「請享用！」

老闆不禁大罵兒子：「你在搞什麼鬼！」但是顧客已經坐下來了，又不能趕他出去，只好讓兒子做幽浮烏龍麵。於是，陸陸續續有顧客遠從富山、福井、京都、長野……等地慕名而來，一個月就賣出了六百碗，老闆也只得無奈接受。

這件事延燒到附近的拉麵店。

拉麵店老闆說道：「既然那家店賣幽浮烏龍麵賺大錢，我們也來賣幽浮拉麵！」拉麵店隔壁的蛋糕店也表示：「既然隔壁賣幽浮拉麵，我們就來做幽浮蛋糕！」不僅如此，「我們賣幽浮麵包！」「我要賣幽浮什錦煎餅！」「我賣幽浮仙貝！」不斷有店家搭上這波順風車，甚至冒出莫名其妙的店家，「我們是幽浮乾洗店！」「不知道會不會掉出來的幽浮小鋼珠店」。不禁令人嘆為觀止，眞虧他們想得出來。

我們好不容易激起一連串效應，當然要再請媒體來採訪。適逢「幽浮饅頭」這項商品推出，我們拜託了負責萩本欽一節目的製作人，將幽浮饅頭當成贈品送給觀衆。萩本先生即在節目中說道：

「這星期的贈品是石川縣羽咋的幽浮饅頭。這饅頭眞特別啊，它的味道怎麼樣呢？來試吃看看吧。……這個好好吃！」

這番話頓時引起轟動。電視臺一下子接到上千通詢問電話。那家店當天就接到一千數百顆饅頭的訂單。如我前面所提到的：「媒體造勢」正是振興地方的成敗關鍵。饅頭店大賺再度掀起話題，帶動了各式各樣與幽浮相關的商機，「羽咋是幽浮之城」的印象就此定型。

這股風潮持續了一、兩年。下一個願景，已在我們的腦海中醞釀得愈形龐大。我們平時即相信夢想終究會實現，同時也抱持決心，把握一％的可能性。如此一來，便能見到成功的光景。雖說是夢想，實際上清晰可見。一般來說，看不見成功的跡象時，夢想就不會實現；看得見時，它就能實現。羽咋市的民衆終於意識到自己必須有所作爲。

日本首次！為幽浮編列預算

幽浮話題帶動羽咋市內的商店蓬勃發展。我們因此獲得市議會議員的稱讚：

「你們做得非常好啊，我們會在這次的例行會議上質詢哦。」

他們正在考慮邀請NASA的太空人與蘇聯的科學家，召開世界首次的幽浮國際會議。我見機不可失，照例展開「媒體造勢計畫」，向多家媒體發出新聞稿：「幽浮終於獲得市民權！」並且通知他們，羽咋市公所將於○點起召開例行會議。平時只有兩三人在場的旁聽席擠滿了人，電視臺也出動了兩部攝影機。之前提到的議員開始質詢：

「我們的城鎮因爲這群年輕人而變得熱鬧起來，市公所不打算採取任何措施嗎？」

市長說道：

「我們即將規畫有關措施，明年也會編列預算。」

媒體效果十分驚人。下年度因此編列了五百萬日圓預算。太好了，這下可以召開國際會議了！

不過，辛苦的才在後頭。「請阿波羅十一號登月後第一個踏上月球的艾德林（Buzz Aldrin）來吧！」「可以請蘇聯派軍人來呀。」「乾脆舉辦美蘇國際會議吧！」「除了邀請人來以外，也可以考慮跟NASA借月球石頭或太空衣啊！還有建造太空梭的材料。」「來舉辦演唱會或戲劇表演。」「去借一頂可以容納好幾家店的大帳棚！」

各種方案不斷提出來，算算總金額可能高達六千萬日圓。不過，將金額控制在五千五百萬日圓的話，多少還負擔得起，不會太難。

於是，我們一個團隊派兩個人、四組共八個人前往東京。我們用一張B４的紙寫下「宇宙與幽浮國際會議意向書」，如今回想起來實在很丟臉，上面還註明希望贊助金額是一千萬日圓。一行人即打算分工合作將這份文件發給二十多家第一部上市企業[4]，期望企業踴躍贊助。我的團隊預計跑八家公司，第一家就去新宿的日清食品。因爲日清曾經推出「日清炒麵U. F. O.」，想必願意出資贊助這項幽浮活動吧。我們見到了日清食品的宣傳部長，首先送上土產：「這是我們村裡做的幽浮饅頭。」接著請他過目這份意向書。

宣傳部長看著文件，嘆了口氣，隨即離開會客室。我和夥伴竊竊私語著：「他大概要去請某位董事或更高階的主管過來吧。」這時，宣傳部長抱著厚厚一大疊文件回來，一股腦兒放在我們面前。

「高野先生，這是日清贊助的某位歌手演唱會的企畫書，整場活動斥資四千萬日圓。如果是一千萬日圓的活動，企畫書的內容有這四分之一厚度就夠了，本公司所有董事看過之後會蓋章。你看這份企畫書，裡面提到日清贊助四千萬日圓可以達到的宣傳效果、這四千萬日圓是有價值的吧？而你們只帶了一張紙和饅頭就要我們拿出一千萬日

4 於東京證券交易所市場第一部上市的企業。相當於主板市場。

圓，連職業股東也不會這樣做。你們知道嗎？」

我當場羞窘得面紅耳赤。

「非常抱歉。」低頭致歉之餘，我們懇請對方借我們看看這份由廣告代理公司製作的企畫書，由於上面寫著「禁止複印」，我便將重點密密麻麻地全部抄寫在多功能記事本的空白之處。我當初認爲這只不過是一場活動的企畫書，不需如此大費周章，以爲只要有市長的名字及印信，就能獲得一千萬日圓的贊助費。我實在太天眞了。

傍晚，我們與其他夥伴在上野車站會合。所有人自然都一無所獲，只送出了幽浮饅頭而已。我們這一組至少還在離開前拿到日清食品送的「日清炒麵U.F.O.」。大家不發一語搭臥鋪列車回家，心裡想著到底是爲了什麼大老遠跑來東京……。

因首相背書而擺脫危機

回到羽咋後，我們重新製作企畫書。由於不放棄任何機會，完成這份「宇宙與幽浮國際論壇企畫書」後，我們便帶去金澤向知名電機廠商說明。對方回應道：

「這份企畫書是哪一家廣告代理公司做的？非常好啊，我們會贊助五百萬日圓。」眞令人吃驚，沒想到企畫書可以用來換錢。按照這種情況，我們應該可以在三個月內順利籌到四千萬日圓。然而，此時出現了問題。有一名市議員在議會裡指責我們：

「你們四處籌錢也就算了，竟然讓學校老師也跳下去幫忙，像話嗎！讓老師違反忠實職務義務，到底在搞什麼？」

「與其辦那種活動，還不如把籌來的錢挪來當冬季的除雪經費！」

我們辛辛苦苦籌錢辦論壇，竟然要挪去當除雪經費？眞是令人意外的提議。不過，讓學校的老師幫忙籌募資金確實不妥當。我們道了歉，但是不想辦法平息反對聲浪的話，論壇就辦不成了……。

我們靈機一動，撥了電話到首相官邸，再次採取前面所提到的「外圍包抄計畫」。

「您好，我們是石川縣的……。」官邸似乎以爲這通電話是從石川縣廳打來的，一路轉接到了首席祕書官室。當我在電話裡說道：「您好，我們是石川縣羽咋市公所的——。」首席祕書官金石清禪先生隨即應道：「石川縣羽咋市，好懷念啊……。」我問道：「金石祕書官，您來過羽咋嗎？」

「你說這什麼話啊，羽咋是我的故鄉啊。」

他說，我可是在羽咋出生的喔。我渾身起了雞皮疙瘩。當下拜託祕書官：「我們即將舉辦論壇，能不能請首相寫幾句鼓勵的話語呢？」祕書官立刻答應：

「當然可以啊，小事一樁。」

一星期後，傳眞機「唧唧唧」地傳來訊息。上面寫著：

「我十分欽佩羽咋市民的巧思，將鄉里創生的『生』字改爲『星』字。浩瀚宇宙之間，沒有國境之別。我對這項課題無比關切，遺憾未能出席論壇，謹此祝願進展順利。內閣總理大臣[5]海部俊樹」

這一次，我沒有把這件事透露給媒體，而是採取另一種策略，讓市公所裡愛八卦的三姑六婆看這封傳眞信。

「欸，偷偷給你看這個，但千萬不要告訴別人喔。」

一星期後，市公所全體職員都知道了這件事，當然也傳到當初譴責我們的議員耳裡。我們就是想透過這件祕密，讓議員以爲「只有自己才知道首相的傳眞信」，使他在不傷及自尊的情況下改變心意。

果不其然，原本持反對意見的議員，在下一次的會議中改變了心意：

「這場國際論壇對青少年來說是一大夢想，千萬不能失敗。」

首相的「印籠」[6]效果可真驚人哪。

「歡喜的拍手」挽救了危機

向NASA商借月球石頭時，我寫了一封英文信請職員傳真：「請把這封信傳真給NASA。」他問道：「怎麼傳啊？」「先按美國的國碼、再按區域號碼。德州的話是……。」教過一次後，身體自然而然會記得。接著以同樣步驟傳真給蘇聯。遇到不得不打電話的情況時，就請上過俄語課的人用自己所知的語彙和對方說明；溝通困難時，

5 即首相。

6 古時候日本男性用來放印章等小物品的隨身盒子，後成為一種身分地位的象徵。

也只好說「請您來羽咋」便把電話掛斷。這段期間，同樣的情形不斷上演。當然有人誠心建議我們：「交給廣告代理公司處理，不是比較放心嗎？」可是我們不想委託廠商。

最後，NASA的宣傳部部長親自帶著月球石頭來到羽咋。

我們遭遇的挫折也多不勝數。曾經花了一百數十萬日圓製作一千張海報貼在JR車站，結果全部被退回來。理由是B0[7]的尺寸太大。當初心想海報要大才引人注目，卻沒想到車站的文宣品有一定的規格……。

一看到滿載退貨的卡車，我的臉霎時發白。不能張貼的海報，就只是一堆廢紙，而且是要價一百數十萬日圓的廢棄物。所有人團團圍住卡車，茫然呆立著。看到每個人都鐵青著臉，感到異樣的卡車司機頓時不知所措……。

「啪、啪、啪……。」

我在此時拍起手來。

心裡實在太過沮喪。我當然要爲這件事負起責任。「沒用的話就扔掉啊！」可是興師問罪也於事無補。既然如此，不如換個角度來思考。所以我才拍手逗大家開心，不情願也得強顏歡笑。

「啪、啪、啪……。」

我一直拍到雙手發疼，漸漸覺得悲觀的想法未免太愚蠢，忍不住笑了出來。當我繼續拍手時，突然靈光一閃，就笑著說道：

「這些海報不要丟，當成限量版來賣吧，一張賣兩千日圓，肯定賺啊！」

所有人都目瞪口呆望著我，最後總算有一個人反應過來：

「對喔……。全部賣掉的話，就有兩百萬日圓了欸。」

「的確是啊……。」每個人臉上的神情逐漸釋然。

「這樣不但沒有虧錢，反而還賺欸！」

「那就不要扔掉，拿去賣吧！」

「沒錯！好不容易做了這麼棒的海報啊！」

這下子所有人都熱烈鼓掌，笑得開懷。

7　一〇〇公分×一四一．四公分。

那些海報全部順利賣掉了。畢竟B0尺寸的巨大海報十分罕見。海報正中央畫了衝出地球的太空人，配上斗大的「第一回宇宙與幽浮國際論壇」標題。幽浮愛好者肯定會想收藏啊。

貨真價實的太空人真的來了

一九九〇年十一月十七日至二十五日，羽咋市展開了爲期九天的「第一回宇宙與幽浮國際論壇」。

原本邀請了阿波羅十一號的太空人艾德林來演講，他卻在一星期前突然住院無法前來而取消行程。儘管問題層出不窮，我們依舊不放棄，緊急聯絡退役太空人所屬的太空人協會，找到了正在佛羅里達享受假期的傑拉德．卡爾（Gerald P. Carr）博士，他是一九七三年「太空實驗室計畫」（Project Skylab）太空實驗室四號的船長。他們夫妻倆臨時決定從溫暖的佛羅里達來到羽咋，身上僅帶了簡單的行囊，卡爾夫人甚至穿著短袖。

我問道：「您不冷嗎？」

她白了我一眼：

「怎麼可能不冷？還不都是你！」

即便如此，會場許多人對於貨眞價實太空人的演講十分捧場。由於工作人員都沒什麼經驗，所以不時遭遇停電等大小狀況，活動期間雖然稱不上一帆風順，不過，當時人口僅兩萬五千人的羽咋，在九天裡就吸引了四萬五千兩百人前來。平時只有熟客光顧的吧臺式餐飲店，如今也擠滿了陌生人在此用餐，每家店都生意興隆，成功帶動了商機！

活動最後一天，商工會青年部全體工作人員與市公所職員、婦女會成員以及學校老師、負責照顧小孩子的高中生，全部穿著同款工作服，聚集在活動主場地的文化會館大禮堂召開檢討大會。首先由擔任執行委員長的市長致詞，只見他手裡拿著麥克風，淚流滿面說不出話來，課長看到市長的模樣也抑制不住淚水，市公所的職員及老師全都抱在一起哭成一團……。高中生激動地說：

「只要努力，我們也能做出這麼了不起的事！」

大夥兒開始高喊「萬歲」，到處把人抬起來往上拋高歡呼慶祝。

市長與市民從來沒有體驗過如此令人感激涕零的活動。因爲歷經千辛萬苦，心中的喜悅更甚。每個人雖然是獨立的個體，但每顆心於此時此刻合而爲一。我們突破各種困境，最後盈餘兩千萬日圓。

值得一提的是，所有工作人員都是由羽咋市民擔任。我們沒有委託專業的廣告代理公司或活動宣傳人員，目的是爲了留下相關訣竅。若是委託專業人士，便無法留下這些竅門了。從失敗中學習，才知道就算由市民擔任工作人員，也能自行舉辦國際論壇、邀請太空人前來，甚至直接聯繫NASA，輕而易舉借用月球石頭。不倚靠別人、全由自己舉辦活動的優點，便是能在活動結束後留下無可取代的寶貴訣竅。

國際論壇結束後，市公所的任用委員會找我過去，宣布任免命令：

「你是市公所不可或缺的人才，我們決定正式聘用你。從今天起，你就是公務員了。」

這五年半以來，我一直是臨時雇員。年屆三十五歲，總算成了一名公務員。他們終於認可我了，眞開心！

直接跟NASA借用真正的火箭

趁著「第一回宇宙與幽浮國際論壇」大獲成功，我們再接再厲申請了舊自治省[8]所主辦的重點項目，我們把主題訂爲「宇宙的出島，能登羽咋計畫」。有過上一次經驗後，製作企畫書的能力也提升了不少。

「如果幽浮眞的存在，它就等於現代的黑船[9]。從前是在長崎的出島迎接黑船，本世紀的出島就在能登半島，宇宙的出島就是能登半島。」

「這個眞有趣！」我們的企畫案深受主辦方青睞，獲得國家提撥五十二億六千萬日圓的預算。只要多方嘗試，就能獲得如此鉅款。人還是要不斷追求各種可能性啊！

不過，期間遭遇許多阻礙，預算中的三十億日圓成了建造大型會館及圖書館等建築

---

8 存在於一九六〇年七月一日～二〇〇一年一月五日的日本中央省廳，管轄地方行政、財政、消防及選舉制度等。首長為自治大臣。

9 日本嘉永六（一八五三）年，美國海軍准將馬修．培理率領艦隊駛入江戶灣浦賀海面，以武力威脅幕府廢除鎖國，為後來日本明治維新奠定基礎。

物的資金，再加上用地徵收費與安裝費等支出也動用到預算，結果最重要的宇宙及幽浮項目所能運用的資金只剩下兩億日圓。這項企畫案明明是以展示火箭與幽浮相關物品的博物館爲主，最後竟落得如此窘境……。

我們非常希望在博物館的入口擺放實際尺寸的大型火箭，於是請業者估算製作一具複製品需要多少錢，對方說道：

「含製作費需要一億六千萬日圓，一年必須保養三次。因爲羽咋靠海的關係，海風會讓鐵製部分生鏽，重新上漆的費用一次也要三百萬日圓。」

鋼鐵製的火箭本身確實需要一筆龐大的管理維護費用。我們實在負擔不起。不過，我後來仔細一想，眞正的火箭既不會生鏽、也不需要重新上漆。展示複製品未免太無趣，還不如一具體積較小、但是貨眞價實的火箭。

我們隨即前往美國的史密森尼博物館（Smithsonian Museum）。

與館長談話時，他問道：「你知道日本有幾間與航空宇宙相關的科學館或博物館嗎？」我正打算回答正確數字，館長卻說道：「答案是零。」

「上野國立科學博物館前面有一具火箭，日本人會把鋼鐵製的火箭升上太空嗎？」

我回說：「不會啊，因爲那不是眞正的火箭。」館長接著說道：「你有在我們的博物館看到鋼鐵製的火箭嗎？」換句話說，博物館所展示的都是眞品。唯有展示眞品，參觀者才會深受震撼而感動。這也是博物館眞正的魅力所在。

一行人接著前往NASA，拜託宣傳部長讓我們參觀倉庫，結果發現了月球及火星探測器。我們開口問道：「請問可以借這個嗎？」「沒問題呀。」還有月球石頭，他們也願意出借。我們因此借了不少物品。回到辦公室塡寫借用申請表時，有一欄須塡寫借用年數，我便寫下了「10」，並附上單位「decade」，也就是十年。換句話說，借用年數是10×10，共一百年。對方看到這個日本人如此亂來，竟然寫了一百年，不禁捧腹大笑。

「香港也借給英國一百年了啊，所以，請讓我們借用一百年！」

雖然對香港人很不好意思，不過，我們眞是豁出去了。對方也覺得有趣，說從來沒看過有人這樣寫。最後答應我們，未來一百年都能免費借用月球及火星探測器與月球石頭等物品。

「COSMO ISLE 羽咋」博物館外展示的真正火箭。
照片提供／COSMO ISLE 羽咋

儘管如此，我們還是得花錢買火箭。買的是NASA在一九六一年以彈道式飛行發射升空的水星紅石系列火箭（Mercury-Redstone Rocket）。製作複製品需要一億六千萬日圓，購買眞品卻只要一千萬日圓。因爲我們沒有透過中間業者，而是直接跟NASA採購。火箭本身由鎂合金製成，並不會生鏽；也因爲是貨眞價實的火箭，當然不可能生鏽。因此，幾乎不必花錢維護管理。時間愈久，愈能彰顯眞品的價值；反觀贋品，其價值只會隨著時間衰落。我們也採購了一些前蘇聯的物品，例如重返大氣層時，因高速摩擦而燒得焦紅的前蘇聯製「蘇聯東方計畫太空船」（Vostok Programme）。這些物品則是請NASA的人員鑑定眞僞後，一路護送運至美國，我們再買下來。此外，數位式星象儀等儀器是直接與美國猶他州的總公司聯繫，僅用透過代理公司買的三分之一價格便能取得。我敢打包票，絕對不會有任何博物館收藏這麼多和宇宙相關的物品，甚至還展示實際登上太空的各項物件。

我們不只蒐羅展示品。當時爲了交涉展示用品等事項而在美國待了三個月，期間也訪問了三十二名史丹佛大學及哈佛大學等名門大學的科學家，問他們：「爲什麼要調查幽浮呢？」一般人相信美國境內存在著擁有高度文明的外星人，而史丹佛大學及哈佛大學的教授也爲此寫了論文。對幽浮存疑的，實際上只有日本而已。美國重量級物理學家菲利浦．莫里森（Philip Morrison）曾經發表伽瑪射線有可能可以與外星生命通訊的論文。當我們訪問到這位不愛與媒體打交道的博士時，ＮＨＫ十分驚訝。我們並沒有做出驚人之舉，也沒有透過第三者如經紀人居中牽線，只不過直接去拜託博士罷了。我想，應該是這份熱忱打動了他吧。

因為是僧侶，才能做到這般地步

我忘了說一件事。

我決定當僧侶，繼承相傳五百年以上的家業。由於繼承僧侶一定要取得相關資格，我便在成爲羽咋市公所臨時雇員的隔年，也就是一九八五年八月，前往日蓮宗位於山梨縣身延山的久遠寺總寺，足足關在寺裡修行四十天。沒有經過這一關，便成不了日蓮宗的僧侶。

參加者全是不到二十五歲的年輕人，只有我一個年屆三十，每天跟這群小伙子一起進行嚴苛的修行。半夜三點起來用冷水澆淋身體、四點走山路到信行道場，待在裡頭沒完沒了地誦經與抄經。由於修行地點是以粗繩布下結界的聖地，不僅沒有報紙與電視可看，更不能打電話。甚至有人捱不住嚴苛的修行而死亡。不過，修行之前會請參加者的家屬簽署發生意外也不能控告寺方的同意書，一切後果都自行承擔。要前往修行，眞的需要無比的決心。

等到修行結束回到外界，才驚訝得知日本航空（ＪＡＬ）班機墜毀、太古八郎[10]在海邊驟逝。我喝著可樂，不禁感嘆世上竟有如此好喝的飲料。簡直恍如隔世。如今回想起來，仍爲自己的大膽感到吃驚，竟敢以臨時雇員的身分向市公所告假四十天。

日本允許公務員從事宗教相關的兼職。二〇一一年，我以五十五歲之齡自父親手中繼承家業，成了第四十一代住持。

高中時代完全不考慮當住持的我，如今卻很感謝這項安排。自從成了僧侶，神子原聚落的人才願意接納我。換作一般公務員，絕對不可能獲得如此信任。

也有人對我說：

「你啊，說是市公所的職員，更像是一名僧侶啊。」

正因爲我是僧侶，才不會在發生糾紛時口出惡言吧。開始實行「閒置農地與閒置農家資訊銀行制度」時，我也是先舉行了「拔魂」儀式，才讓堅守佛龕而不願出借房子的農家點頭答應。也因爲我實際上是一名僧侶，才能爲他們做這些。

10 たこ八郎，本名為齋藤清作，一九四〇年～一九八五年。日本職業拳擊手、諧星及演員。

教導年輕人務農的宮澤賢治[11]，同樣是日蓮宗的信徒。如今我已稍微能體會賢治想要栽培獨立自主農家的心情了。

現在若是有人問我：「何謂佛教？」我似乎也能從農地中找到答案。

一切源起於自然栽培。

11　一八九六年～一九三三年。日本的詩人、童話作家。著名作品有《銀河鐵道之夜》等。

第五章

顛覆傳統。

——以「不會腐壞的米」為武器贏過TPP！

與JA合作，挑戰TPP！

「高野先生，我找到非常厲害的人了！」

二〇〇九年夏天，市公所的後輩興匆匆跑來找我。我問道：「怎麼回事？」後輩回答道：

「我找到一個不用農藥和化學肥料、除草劑，以自然栽培法種蘋果的果農了。」

怎麼可能？我不禁懷疑自己聽錯了，於是請後輩說得詳細一點。

他說的是住在青森縣弘前的蘋果果農、木村秋則先生。從前認爲不用農藥或除草劑便種不出來的蘋果，他卻耗費數年時間以自然栽培法種出來，因此成了大家口中種出「奇蹟蘋果」的人。

「好，你馬上去打聽情況！」

後輩聯繫了木村先生，但對方太忙抽不出時間來。既然如此，我再請後輩進一步調查：「應該有人跟木村先生學習以自然栽培法種蘋果，你去查查他的學生吧。」總算查到了住在岩手縣遠野市的果農、佐佐木悅雄先生。市公所的後輩隨即找了農家，共計八人前往遠野市考察。

他們回來後，立刻展示照片給我看：「他讓我們參觀所有的蘋果園！」並且興奮地說：「我們也可以做啊！」

即使如此，我依然持懷疑的態度。因爲有些人聲稱自己是以自然栽培法，實際卻是有機農法，或者從事宗教團體般的活動，實在令人難以信服。不過，當我看著一張張照片、再聽他們的說法，不禁覺得這應該是眞的。

「好，我們來做吧！」

羽咋市從這一刻起，展開了自然栽培的新計畫。

隔年二月，我們邀請木村先生來羽咋演講。

後輩問我：

「要找誰負責執行委員會啊？」

「可以找ＪＡ啊。」

後輩驚訝問道：「眞的嗎？」

衆所周知，ＪＡ會建議農家使用化學肥料或農藥。因爲可以增加產量。然而，木村先生種植蘋果時完全不使用農藥或化學肥料、有機肥料、除草劑。雙方的立場背道而馳，猶如不相容的水與油。儘管如此，想在羽咋市推廣自然栽培法，仍須借助ＪＡ的力量。

「走吧，去ＪＡ！」

我立刻動身前往。不過，情況究竟會如何呢……？

一抵達「ＪＡ羽咋」（ＪＡはくい），我便找芝田正秀會長商量。

「會長，我們會在二月二十日舉辦農業相關的演講會，能不能請您擔任執行委員長？」

我還沒對他說起自然栽培的事。

「演講會？喔，隨時都能找我啊。」

「不過，講者有點特別……，我們請了完全不用農藥或化學肥料、除草劑的果農來演講。」

「什麼——！」

想當然耳，會長十分震驚。

「可是，會長，這個人種出來的『奇蹟蘋果』不但對健康有益，也能吃到蘋果的原始風味，非常好吃。重點是種出來的蘋果不會腐爛，只會逐漸枯萎。以自然栽培法種出來的蔬菜也一樣，因為沒有添加奇奇怪怪的東西，最後只會枯萎。會長，您不覺得很有趣嗎？」

「是很有趣啦……。」

「用這種農法種出來的蔬果很安全，搞不好可以贏過ＴＰＰ喔！」

「可以贏過ＴＰＰ?!」

一直呆呆聽著的會長，突然雙眼發亮。

如各位所知，ＴＰＰ指的就是「跨太平洋夥伴協定」（Trans-Pacific Partnership）。這是由美國主導而組成的跨太平洋自由貿易區，目標是達成經貿自由化，主張廢除包括農產品與工業品在內所有品項的關稅，以及智慧財產權與金融、醫療服務等一切項目的關稅。但是對農家來說，廢除關稅可是一大危機，因為商人會從國外進口廉價的米、小麥、玉米、牛肉及豬肉等農作物，導致農家在價格競爭中落敗。

二〇〇九年的時候，媒體並沒有像現在一樣大幅報導ＴＰＰ，而我為了保護羽咋的農家，正打算趁早防患於未然。

「說得也是……。眞是這樣的話，或許可以贏過ＴＰＰ吧。」

我說服會長了。

事實上，木村先生還有一點讓我很感興趣。他說自己坐過幽浮。這一點實在非常吸引推動日本首座宇宙科學博物館「COSMO ISLE羽咋」的我。甚至暗自決定，見到他時一定要追根究柢問個清楚。

說服「奇蹟之人」木村秋則先生

完全不用氮、磷、鉀等化學肥料或有機肥料，更不用農藥或除草劑，全靠自然的力量種植健康安全的作物——。

二〇一〇年二月，木村秋則先生受邀前來羽咋市。由他主講的自然栽培演講會盛況空前。演講會開始前，明知大家都想快點聽木村先生說話，JA的芝田會長依然卯足全力致詞了十五分鐘。

第一次見到木村先生，談不到五分鐘，我便肯定：「啊，這個人真的有料。」究竟是從哪裡看出來的？一時之間我也說不上來。根據多年來的經驗，只要跟對方談五分鐘，我就知道這個人是不是真的有實力。

我也問了坐過幽浮的事。木村先生說，當時他跟太太在看電視，正好播出幽浮特別節目，看著看著，木村先生突然指著電視螢幕說：「啊，我認識這個女生！」據說，那位白人女性就是當年他在蘋果園被外星人綁架到幽浮上見到的。電視螢幕裡的白人女性竟然也在此時說道：「我被抓到幽浮上時，看到了一位戴眼鏡的東方人。」木村先生有戴眼鏡。由於兩人在那事件後就沒見過面，當然不可能事先套好話。

這實在太有趣了！仔細調查後發現，那節目正是我在東京從事電視工作時製作的，事隔太久，我早已忘得一乾二淨了。當下深覺自己與木村先生有著奇妙的緣分。我甚至心想，如果能把兩人湊在一起，肯定能製作一個轟動的幽浮節目吧。

不過，這個念頭在與木村先生談話後打消了。幽浮和宇宙的話題固然有趣，但當務之急是日本目前面臨的糧食問題。這個歲入四十八兆日圓的國家，必須支付二十八兆日圓的醫療費（二〇一一年度）。世上哪有這種先進國家啊？換成一般家庭來看，即表示年收四八〇萬日圓的家庭，一年需支出二八〇萬日圓的醫療費。各位不覺得這個家庭很奇怪嗎？是不是吃了有問題的食物、弄壞了身體？最常使用農藥、化學肥料、除草劑的國家不是中國，也不是美國，而是日本啊。這座小小島國裡竟然出現這種情況，未免太不正常。日本的農業到底哪裡出了問題？

老是吃著灑滿農藥、充斥化學肥料的農作物，難保身體不會出現可怕的狀況……。我實在無法對此坐視不理。於是，我在那一年的十月，一路驅車前往弘前的果園找木村先生。

「木村老師，您的演講讓我十分感動。不過，我希望的不是有更多人聽了老師的話而深受感動，而是期盼能栽培一百至兩百位跟老師做同樣事情的農家。」

木村先生聽了，始終不發一語。

「換句話說，我希望增加好幾百位稱得上是『小小木村秋則』的農家。老師，您願意跟我們一起拯救日本嗎？」

過了一會兒，他對我說道：

「好吧，來開課吧。我把其他行程都推掉也要去羽咋。」

木村先生的蘋果是最好的證明。不用農藥、肥料及除草劑，也能種出環保又健康的農作物。一定要有更多人能與木村先生一樣實踐這套農法，才能挽救日本的農業。只有木村先生一人孤軍奮鬥，根本毫無意義。必須要有幾十名、幾百名、幾萬名農家能夠種出同樣環保又健康的農作物。所以我才懇求木村先生幫忙指導，使其他農家也能與他從事相同農法、種植同樣的奇蹟蘋果、奇蹟稻米與奇蹟蔬菜。

光是感動並不足夠，付諸實行才有意義。

「木村秋則　自然栽培實踐塾」於焉誕生。

那次見面後，我們決定在兩個月後的十二月，成立由木村先生親自授課的自然栽培

木村秋則先生（左）與他的蘋果園。

塾。一堂課爲期兩天、一年六堂課，我們打算請木村先生在這十二天裡傳授完全不用肥料及農藥、除草劑的農業技術與理念。而最適合我們種植的就是比蘋果更容易、儼然成了神子原代名詞的稻米。

開課之前，我對ＪＡ的芝田會長說道：「會長，要不要去弘前玩一下？」

「要做什麼？」

「您想不想去找木村先生，參觀自然栽培的現場？」

「去看一下也不錯。」

木村先生位於弘前的蘋果園當時

正逢收穫季節，一踏進園裡，就發覺腳下的土壤鬆軟得令人不敢置信，一點也不堅硬。土裡的微生物也因此十分活躍。陣陣傳來的泥土香味，不難想像土壤相當肥沃健康。木村先生請我們吃蘋果，一咬下去，鮮甜果汁立即噴湧，啃咬處甚至不會變色。

組長大喜過望，叫道：「我的天哪，這就是奇蹟蘋果嗎！」

回到飯店後，我們用百圓商店買的磨泥器使勁把蘋果磨成泥，盛在咖啡碟裡。隔天早上一看，蘋果泥完全沒有氧化變色。

進口的蘋果放置一段時間後，顏色就會變黑而腐爛；美國進口的穀物也是一樣，中國進口的菠菜同樣會腐爛。但是以自然栽培種植的菠菜只會枯萎而已。正常的蔬菜會枯萎，不能吃下肚的食材才會腐爛。

所有正常的植物最後都會枯萎。去爬山時，會看到山裡有枯葉，每一片都是乾乾枯枯，沒有腐爛。至於腐爛的，代表微生物正在吃它，警告人類不可以去吃。「這個不能吃哦！」因爲微生物或蟲子會把它吃掉。腐爛的東西會引來蒼蠅，目的也是爲了警告人類：「不能吃的食物會長蟲。」

有的農家會產生誤解：「你看，我種的白蘿蔔有蟲咬過，可以放心吃啦。」不過，有蟲咬過的才危險。正因爲使用不完全成熟的堆肥或化學肥料，導致土壤裡的硝酸鹽濃度愈來愈高，才會引來蟲子。也因爲有了蟲子，而不得不噴灑殺蟲劑。山裡的野生栗子幾乎不長蟲，爲什麼人類種植的栗子長了一堆蟲呢？由於使用化學肥料栽種，導致果實裡含有危害健康、不能吃下肚的物質，蟲子才會跑出來警告人類吧。

如果所有蔬菜都會長蟲，全世界的蔬菜早就被蟲吃得一乾二淨，不存在於世上了。

甘藍夜蛾（Mamestra Brassicae）的幼蟲是「ヨトウムシ」，漢字寫成「夜盜蟲」，顧名思義，指的是在夜晚出沒把蔬菜啃得慘不忍睹。牠們會出現在灑有化學肥料的地方，將葉子啃得一片不剩。不過，沒有使用化學肥料的地方不會看到夜盜蟲。直到近幾年來，農民終於瞭解其中的機制。

總而言之，正是因爲使用化學肥料等無謂的藥劑，才會使作物長蟲腐爛。人也是如此，吃了對身體無益的食物，身體就會受損而生病。所以我們才得付出高達二十八兆日圓的醫療費。哪有這麼愚蠢的先進國家啊？

從前的和尚之所以能化成肉身佛，就人體結構而言，便是因爲體內沒有雜質而自然乾枯所致。從前精進於佛道的僧侶，往生後的軀體並不會腐爛。現在的僧侶則不然，往生後必須在腹部放置乾冰，否則的話——。

「這個會贏吧。如果能種出這種蘋果，肯定能打敗TPP！」

JA的芝田會長親眼見到不會腐爛的蘋果，不禁大為感動：「這一定行得通！」一般總是認爲一定要灑農藥才能種出蘋果，反過來想，既然不用農藥都能種出蘋果，要種稻米、高麗菜、白蘿蔔、紅蘿蔔應該更容易！

我們滿懷著夢想。「戰勝TPP！打敗TPP！」也成了會長的口頭禪。開設自然栽培塾的事，當然也獲得他的認同。

其他地方絕對不會像我們這樣，由行政機構與JA聯手出擊。開設不用農藥、化學肥料與除草劑等農法課程的主辦單位可是JA啊。芝田會長成了我們最有力的後盾，不吝給予全盤信任：「他們在做對的事！」

以「自然栽培實踐塾」構築未來的農業

回歸農業原本的面貌，回歸原點。

羽咋市與「ＪＡ羽咋」共同舉辦的「木村秋則　自然栽培實踐塾」第一堂課，於二〇一〇年十二月十二日在神子原町的田裡開課，來自縣內及縣外約八十名學員齊聚一堂，由塾長木村先生親自指導種稻。

首先在準備好的實作田裡學習測量土壤的溫度、瞭解土壤的狀態與溫度之間的關係。因爲整土是所有農業的基礎。

當時是由市公所的枡田君與越田君兩人，在灑滿除草劑的九千五百平方公尺實作田裡用除草機除去雜草，整出準備以自然農法栽種越光米的田地。

稻子剛開始生長緩慢，隔壁田以慣行栽培方式使用農藥或化學肥料的稻子長得又快又高，我們的卻瘦瘦小小，不免擔心起來：「啊——，長得眞小。實際去做，才知道不簡單啊。」不過，瘦小的稻子後來開始抽長。隔壁的看起來纖細柔弱，我們的卻是飽滿得猶如野生稻。更令人驚訝的是，葉子十分強韌，前端尖銳得足以割傷伸進去的手，感覺一副不可侵犯的樣子。也有人說，葉子就像一把劍。如果有小動物闖進田裡，並且在裡頭打架的話，可能會被葉子割得遍體鱗傷。除此之外，稻莖也相當粗壯。

所有人都感動不已：

「稻子竟然能長成這樣，一點也不像當初那樣弱不禁風啊。」

有人甚至驚訝地說道：

「該不會是返祖現象吧？」

不過，幾十年來都以慣行栽培方式種稻的農家則是嗤之以鼻：

「不用農藥、化學肥料、除草劑就能種稻的話，我們幹嘛那麼辛苦？」

他們自己不去嘗試，卻一味認定自然栽培不可能成功。

也有人破口大罵：

「照你們這種做法，到時候椿象跑出來，看你們怎麼辦！」

「害蟲要是多到跑來我們家的田裡，你們要怎麼負責！」

有一天，負責實作田的桝田君神色慌張地跑來：

「不得了了，出事了！」

一問之下，「有人把水關掉了。」哪裡的水？「田裡的。」「你快去把水打開。」

枡田君回說：

「打開了又會被關上啊！」

我們很快就知道關水的兇手是誰。曾經有個農家威脅我們：「你們再繼續這樣做，我就把田裡的水關掉。」他也曾恐嚇道：「我要用卡車剷平你們的田地！」不是所有農家都是老實人，其中不乏凶神惡煞般的人物。不過，那個人倒沒有眞的「開卡車剷平」我們的田地。

話雖如此，蟲子可沒那麼蠢。牠們絕對不會闖進灑了農藥的地方。我們的稻田雖然有椿象，也絕不會轉移到灑了農藥的田裡去。牠們反而是從灑了農藥的田跑來我們這裡避難。只要在蟲子身上做記號，便能觀察牠們從哪飛來。當我們把這件事說給關水的人聽，他則是勉爲其難接受。

不過，就算蟲子跑來避難，還是會被青蛙一口捕食。唯有無農藥的田地，才能容下這麼多種生物。石川縣互動昆蟲館的館長調查後發現，我們的田裡包含水生植物在內，竟然存在著八十幾種生物。例如生長在湖邊或池塘的車軸藻（Chara braunii），一碰到農藥就會消滅，卻在我們的田裡長得欣欣向榮。

田裡也有鯽魚和泥鰍。

有人驚訝地說道：

「是誰把鯽魚放進田裡的？該不會是從天上掉下來的吧？」

這些魚卵肯定是隨著水渠漂來田裡的。因爲田裡不含任何毒質，魚卵才能順利孵化。換作在其他灑了農藥的田裡，絕對孵不出來。

所謂的「害蟲」也有其存在價值

以自然栽培法耕種的田地，周遭確實雜草叢生。

許多農家數十年來都認定這些雜草就是蟲類及害蟲的溫床。在他們的認知裡，一旦長了雜草，害蟲就會增加，妨礙稻子生長，影響稻米的品質。所以要噴灑農藥驅除害蟲，把不好的東西全部趕盡殺絕。

不過，從自然栽培的觀點來看，害蟲也是生態系的一分子。將牠們比喻為自己的身體，假設蜻蜓是自己的左手，要把它砍掉嗎？椿象若是自己的大拇指，要把它剁掉嗎？自然栽培的理念是，地球上存在的一切事物中沒有無用之物，所有一切都有其存在的價值。

對於採用慣行栽培而使用農藥或化學肥料的人來說，稻子會吸取土壤裡的肥料而成長茁壯。肥料不夠，那就添加。他們認為，土壤裡的環境就是正負加減而已。但是土壤的生態極為複雜，並不是如此簡單的加法、減法。土壤裡的微生物會互相幫助，世人卻誤以為牠們只會彼此掠奪。

想必是人類把自己的本性投射到地底世界了吧。小偷因為自己是小偷，就覺得別人也是小偷。人類就是用這種想法看待植物與土地。直到接觸自然栽培法，我才知道這種觀念大錯特錯。自然栽培的觀點十分接近佛教思想中的「山川草木悉有佛性」。天地一切萬物實際上都有存在的理由，看似有害的昆蟲或動物，也各有其存在的價值。因此，啃噬珊瑚的海星在我們眼裡是殺手，有的人甚至號召獵捕棘冠海星、要讓牠從地球上消失。可是，後來不是發現棘冠海星所含的成分可能可以治療阿茲海默症嗎？牠也是有用處的。

自然栽培顛覆傳統的價值觀，堪比中世紀歐洲的地動說。過去深信太陽繞著地球運行，若是有人跳出來說：「不對，其實是我們繞著太陽轉！」他就會被群眾推上火刑臺。但他才是正確的。自然栽培也是如此，不必施灑肥料，農作物自然會生長。這種觀念與前面提到的地動說，還有地球不是平的、實際上是圓的一樣令人震驚。而我們必須想辦法讓所有農家理解這一點。

我們只能自己先嘗試，接著換他們做做看，唯有透過實際體驗，才能獲得農家的認同。有的人因為能力不足而無法理解，有的人則是一點都不想要理解。對於本身有能力、卻一點也不打算理解的人，我們只能讓他們親眼見證，完全不使用農藥、肥料及除草劑，也能種出肥美的稻子。

「自然栽培實踐塾」的後續課程如下：

第二堂課，學習調配稻子的育苗培養土與篩選稻種。

第三堂課，講解翻土與除草機具的使用方式。

第四堂課，講解耙土與稻作知識。

第五堂課，由學生發表平時如何種田。

第六堂課，參觀神子原實作田，並由木村先生現場說明，接著讓學生代表發表感言，隨即結業完成整套課程。

木村先生眞的是老天賜給我們的救星。

二〇一一年十月，神子原實作田在木村秋則先生指導下，市公所的枡田君與越田君兩人以自然栽培法種出了越光米。九千五百平方公尺的田地裡，平均每一千平方公尺可順利收成約七．五俵米。問題僅在於收割時間點稍微早了一點，收成的米依然美味。實在令人無限感激。

我們請神子原的專業農家試吃新米，他們懷念地說道：

「吃起來像以前的米啊。」

米的滋味，猶如七十歲以上的人在戰前時代嘗過不用化學肥料、不灑農藥的米。

「ＪＡ羽咋」也賣起了實作田的米。精米後分成兩種包裝出售，兩公斤裝售價一千五百日圓、五公斤裝三千五百日圓；兩種各賣出一百包，年底前全部賣光。大家還是想吃有益健康的食品哪。因爲，沒有農家願意遭到指責說：

「你損害多少人的健康了？」

「你至今害過多少人上醫院了？」

「你知道有多少人得癌症死掉嗎？」

農家本應該喜見大衆吃得健康。種出好的產品，讓衆人吃得開心、也吃得健康。這才是農家本來的職責，也是最崇高的使命。

「自然栽培塾」如今依舊盛況空前。當然是由木村先生親自指導。

至於種子，也是不可輕忽的問題。

目前許多農家種菜所用的種子，是Ｆ１一代交配種[1]。這類種子種出來的作物，收穫時期相同、大小也一致，對農家及ＪＡ來說十分省事。不過，問題在於這類種子種出來的作物無法留種。我們吃著無法留種的蔬菜，還說：「多吃青菜有益健康！」不覺得

1 雜交第一代種子的泛稱。

很奇怪嗎？而農家也因爲沒辦法留種，每年都不得不買種子來耕種。

美國的跨國企業幾乎都有販售F1種子。越戰期間製造枯葉劑等化學物質的公司就是其中之一。

另一方面，還是有深具良心的種苗公司販售可留種的「固定種」。埼玉縣飯能市的野口種苗研究所便是其一。這類種子種出來的蔬菜，形狀及收穫時期都不一致，但是保有從前的蔬菜滋味。苦的東西本來就苦，特別的東西本來就特別。所以才那麼好吃。

木村秋則先生也建議我們購買野口先生販售的固定種。前面提到的枡田君，目前已是一名自然栽培農家，專門培育出色的種苗。

農林水產省的職責，本應該是率先倡導飲食安全。既然國家不做，那就由我們自己來，指導農民以自然栽培法種出有益健康的農作物。儘管我們的行爲有如唐吉訶德，意圖挑戰JA這種鼓勵使用農藥及化學肥料的龐大組織，但既然國家毫無作爲，我們就自己來做。這個國家竟然要支付高達二十八兆日圓的醫療費，實在愚蠢至極。

廢耕地正是寶山

目前最讓農林水產省頭疼的問題是如何處置廢耕地。所謂廢耕地，指的是人口過稀地區遭到農家棄置、任憑荒蕪的農地。

農水省的官員前幾天也來詢問：「那些廢耕地實在很麻煩，有沒有什麼解決辦法？」我回答道：

「你這種想法有一點怪啊？」

廢耕地並不是毫無耕作的可能，反而潛力無限。對於從事自然栽培的農家來說，閒置了四、五年的農地十分吸引人，因爲殘留的農藥及化學肥料全都消退，土地也恢復原本的生機，這種農地正是他們夢寐以求的至寶。因此，廢耕地最適合以自然栽培法種植農作物。

前一年仍然施行慣行栽培的田地，即便改以自然栽培法種稻，也會因爲農藥及化學肥料殘留在土裡而種不太起來。過去一反（三百坪）可以收成十俵的地方，也僅能收成三俵左右。一般土地至少要三年至四年時間才能恢復健康。但這些廢耕地只要去除雜草翻個土，立刻就能使用。

過去的思維都是以使用農藥及化學肥料爲前提，如果不跳脫框架，廢耕地永遠是累贅的負資產。但是換另一個角度來看，它就成了無價之寶。因此，我們必須對目前的既定觀念及常識抱持懷疑態度。

就全宇宙而言，我們人類的知識淺薄得根本塡不滿一張薄薄紙片。我也始終認爲，只要換個角度看待事物，思考如何轉負爲正、如何才能皆大歡喜，一定能找出解決辦法。

二〇〇五年四月，我們推行了活化人口過稀的高齡化村落以及打造農產品自有品牌的「山彥計畫」。但是光靠市公所與農民仍然不夠，還是得借助ＪＡ的力量。

剛開始前往ＪＡ請求協助時，曾因爲彼此意見不合而大吵：「你們這種做法行不通！」但當我們決心實行自然栽培時，ＪＡ則是鼎力相助。多虧ＪＡ大力幫忙，我們的計畫才能順利進行。他們並不是敵人，而是夥伴。ＪＡ總算回到幫助農家的應有立場。

我們與ＪＡ之間的關係有所改善，是在二〇〇七年七月七日，「神子之鄉」直銷站舉辦開幕活動的時候。當時的會長西村太助先生蒞臨剪綵，並且在開頭的致詞中感謝我們：

「提高農產品的附加價值與農民所得，原本是JA應該做的事，感謝市公所替我們做了。」

從此以後，我們與JA的關係愈來愈友善。起初雖然與西村會長吵架，可是他是最先認同我們的人，處處給予關照。也總是對我們說：「有困難就來找我吧」「有問題的話」「有事情的話」。於是，市公所舉辦農業相關的演講會或慶典等活動時，我們一定邀請會長前來致詞。雙方長期以來便維持良好關係。他眞是一位好會長。一旦認同我們想做的事情，他也會立刻拿出政治上的魄力做出決定。

接任西村會長一職的是芝田正秀先生。他的直覺也十分敏銳、行動果決。當初決定實行自然栽培法時，芝田會長也是立即促成，雖然他一開始也很驚訝，我們採用的是與JA背道而馳的農法，完全不用農藥、化學肥料及除草劑。

「這是出於戰略考量的農產品，可以贏過TPP喔！」

當我提到這一點，立刻說服芝田會長。那是TPP還鮮爲人知的時代。從現在起先穿好盔甲準備作戰，就算物資數量不如人，也能以質取勝。我們的品質絕對不比人差。

ＪＡ與行政機構不應該互相敵對，而是攜手合作。前面也提到，以前農家要做事情時，必須裝上ＪＡ和市公所這兩個輔助輪，事情才能順利進展。如今ＪＡ與市公所不再是輔助輪，而是推進器或加速器。但願大家能攜手合作，大幅帶動農業發展。木村秋則先生的「自然栽培實踐塾」所栽種的自然栽培米，現在已成了ＪＡ羽咋的熱門產品。

說到底，我們所做的一切都與人有關，只要改變想法，就能改變整個地區。只不過，農家會不知所措吧。過去要求農家噴灑農藥！使用化學肥料！用除草劑！如今卻一概不用。要改用環境保全型農業嗎？還是從前的慣行栽培方式？農家想必充滿疑惑：「到底要用哪一種？」就未來的農業發展來說，我認為只能提倡環境保全型農業了。

事實上，我家種了四棵不灑農藥、不施肥料的枇杷樹，四年前也開始種番茄與大豆，用的是前面提到的可留種的固定種。要求別人之前，自己也應該試做看看吧？我可不想被人家說三道四：「那傢伙自己都沒做過，還想叫我們做。」就算女兒取笑，我也要自己試種看看。

不過，眞的很開心。傾注感情，才會成長茁壯。農業需要的不是農藥，而是感情。我採收了番茄，清洗時發現它一下子沉到水底。問了木村秋則先生後，他告訴我：

「高野君，自然栽培的番茄都會沉下去喔。」

切開一看，膠狀的部分相當少，全是扎實的果肉。番茄若是外觀碩大、裡頭空洞，便證明使用了化學肥料。

眞好吃。這就是番茄原本的滋味。那股酸味實在令人懷念不已。

自然栽培是宮澤賢治的世界觀

自然栽培讓我瞭解到，地球上所有生物都有其存在的價值。如佛教所云：「山川草木悉有佛性。」一切萬物均有佛性，皆有其存在的意義。而我自然而然親身感受到這句佛謁。在此之前，雖然知道佛教有這麼一句話，但僅止於理論上的知識，直到親身實踐自然栽培，才深刻體會到箇中含意。這是多麼偉大的智慧啊。人類眼中礙眼累贅的廢物，實際上無比重要；被稱爲雜草及雜木的草木，也有其降生在地球上的使命與目的。

若是仔細觀察，會發現它們並不只爲自己而活。它們正與我們肉眼看不到的微生物彼此互助合作、共生共存。香菇雖然生長於樹根，也不會只顧自己生存，仍會給予樹木所需的磷。

我認爲自然栽培是讓我體現佛教的一項工具，再次深深感激佛教的深邃智慧。在岩手指導當地農民務農的宮澤賢治，本身是一位虔誠的《法華經》信徒，而我似乎能理解賢治嚮往的世界觀。

說到這個，我想起了一則故事：

「神召集了人類以外的動物、魚類、昆蟲等生物，對大家說道：『我會給你們一個願望。』所有生物聚在一起討論後，說出了願望，神也幫他們實現了。隔天，人類全部消失在地球上了——。」

第六章

有始有終。

——退休前要挑戰全世界！

退休前被交辦的棘手難題

在這長達三十一年的公務員生涯中，我真的幹了不少事情。我將在二〇一六年三月退休，日子已進入倒數計時。即使如此，我仍希望人口過稀村落更加熱鬧、但願地區發展更活絡、期盼日本人吃了自然栽培法種植的稻米與蔬菜更健康。正當我懷抱著以自然栽培拯救日本產業的使命感，想要在這段期間最後衝刺時，市公所的總務課卻在二〇一三年三月突然把我找去。來到指定的房間後，我敲了門進去。

「高野君，人事異動下來了。你要調去文化財室。」

突如其來的內部命令，我一開始根本一頭霧水。

「你對文化財沒興趣嗎？」

「也不是沒有。」

聽了我不假思索的回答，對方直盯著我，說道：

「既然如此，你去想辦法弄出代表羽咋的國寶。這對你來說應該沒問題吧？」

我心裡想著：「啊，是嗎？」

問我震驚嗎？心理上當然有些難以苟同、無法理解的部分。為了推廣自然栽培，我正打算利用退休前的一點時間大幹一場、做出驚天動地的事情啊。

然而，我們公務員單靠一張紙，就算是討厭的部門，也得硬著頭皮被調過去。奉公差遣，實在無法憑自己喜好決定。

「我真的覺得是託了高野先生的福，現在才有那麼多人來羽咋啊。」「我一直以為能力好就不會被打壓，原來不是這樣。」「弄出國寶？出這種難題，根本在整人嘛！太過分了。簡直是在退休前找你麻煩啊！」

……不少人為我打抱不平，我非常感激。不過，我真正的想法不太一樣。

回顧過往，自己最不想做的工作先是公務員，然後是僧侶。可是，命運就是這麼奇妙，兩種工作同時落到我頭上，也做得十分開心。我因此學到了如何接受，就算不得不做討厭的事情，只要想辦法克服就好。

即便是無可奈何的人事異動，一直為此悶悶不樂也於事無補。然而，就像過去遭遇挫折後，立刻調適心情面對新的挑戰一樣，這一次我也會努力拓展新世界，體驗未知的領域。再說，我本身對文化財也有興趣，所以也只能說聲「謝謝」了。

門外漢也是懂門道

四月一日起，我開始在與市公所隔一條馬路的文化財室上班。不僅工作環境截然不同，還得從頭開始學習完全沒做過、沒看過也沒聽過的事情。我是徹頭徹尾的門外漢。不過，正因爲是門外漢，只要抱持興趣，就能發現各種不可思議的事物。

羽咋市的確沒有國寶。石川縣的陶器或瓷器產品、美術品確實有國寶級的資產，但是木造建築物未列入其中。

有一點讓我十分不解。

瀧谷有一座妙成寺，是日蓮宗在北陸地區的總寺。據說緣起於鎌倉時代一二九四年，日蓮聖人的弟子日像在當地所建造的寺廟。江戶時代深受加賀前田藩庇護，第三代藩主前田利常的母親壽福院以此寺爲家寺，也使這座寺廟聲名遠播。這座宏偉的寺廟除了江戶時期所建造的高達三四．一公尺、號稱北陸唯一的五重塔之外，還有本堂、祖師堂、經堂等十棟建築群，理應獲指定為國家的重要文化財，參拜者卻少得可憐，甚至乏人問津。我這個門外漢不禁感到納悶，為什麼不多珍惜這座寺廟呢？

聽說他們已經爭取成為國寶好幾年了。但是反過來說，等於這幾年來都在做錯誤的事。我也一如往常，開始質疑過去的所作所為。

市公所至今實在出了不少洋相。為了申請國寶而採取政治手段，找了當地的政治人物組成陳情團體之類的，浩浩蕩蕩前往文化廳施壓。不久之前也去鼓吹跟文部科學省關係好的議員，說「○○議員要有擔當」、「現在正是大好機會」，隨即領著縣議員或市議員闖進文化廳，還把長官拖出來施加壓力：「快讓我們申請國寶！」不過，這麼做無疑是瞧不起過去的調查研究。調查官員及文化廳職員也沒必要存在了。就算因此列入名單中的前十名，也會被排到最後一個。這種老派又無禮的做法絕對不可取。如果可以透過政治壓力申請為國寶，日本歷屆首相都可以在自己的出身地設置國寶了。所以要重新檢討申請為國寶的方式。對我來說，就是收拾爛攤子。

不過，我非常樂意完成前人未竟之事。對於這項挑戰，我可不是只有「一點」與趣，而是非常期待。

我絕對要把妙成寺成功申請爲國寶。

想要申請爲國寶，最重要的是從歷史價值、宗教價值、建築物價值、研究價值等各方面奠定其學術地位。

而我就在觀察妙成寺這座建築物的過程中，發現了不可思議之處。這座寺廟是由山上善右衛門等一流木匠所造，我卻無法理解其中的建築技法。爲什麼柱子不用一整根木頭、而是採用高根繼的接續方式呢？明明有十棟重要文化財建築物，爲什麼連一塊記載工事源由的棟札[1]都沒有呢？還是因爲不能被人看見而刻意隱藏起來了？大家都說這些寺廟多半是江戶時代建造的，但實際上誰也沒有再次考證。該不會年代更久遠，甚至是在安土桃山時代以前建造的？

再從寺廟的外觀來看，事實上也有可能是一座城池。因爲寺門本身就像通稱黑門的城門。上方的堤防若是潰堤，城池就會毀損，因而必須掘出環城一周的護城河，形成一座獨立的城池。這裡想必是護城河吧？有可能是加賀藩將城池或軍事要塞改建成寺廟吧……。如果能透過當時的社會趨勢與加賀藩的歷史，發現新的事實、史實以及建築學上的謎團，其價值將是不可限量。若是能進一步奠定寺廟的學術地位，即有可能申請爲國寶。更何況名匠山上家也經手鄰縣富山縣高岡市的瑞龍寺，它們的佛殿、法堂、山門都成了國寶。出自同一位木匠大師的寺廟，爲什麼瑞龍寺成了國寶，妙成寺卻落得如此境地呢……。眞是謎團重重，太有趣了。

我接著調查建築物得以升格成國寶的案例，瞭解判定的關鍵在於解體修繕。絕大多數案例都是將建築物拆卸解體成零件時，發現前所未有的建築技法而獲認定爲國寶。但是解體修繕需要龐大經費，不可能要求只有不到六十戶檀家信徒、而且觀光客少之又少的妙成寺拿出這筆費用。既然如此，只能仰賴科學調查中的非破壞檢測法，不必破壞建築本身也能加以檢測。首先調查塗料。利用地表觀測儀器SAR（合成孔徑雷達）與紅外線掃描，檢測深埋地下的礎石以及隱藏的石組……。目前正由近畿大學理工學部前教授

1　上樑記牌，記載工程名稱與上樑時間、業主、設計者等建築相關資訊。

櫻井敏雄先生組成委員會展開調查工作，我們因此發現了不少有趣事物，也下定決心，一定要找到「驚人發現」。

這一連串計畫，仍是少不了媒體宣傳。可是我們沒有多餘資金支付宣傳費，只得絞盡腦汁。於是，我們將調查報導委託給在地的北國新聞社集團公司處理。結果如何呢？由於集團公司接下我們的調查報導，必須向母公司報告調查內容，便在北國新聞社刊登了相關報導。從此以後，每個月都有調查的相關報導。過去幾年這個集團從來沒寫過妙成寺的相關新聞，這一年來卻介紹了二十次以上。國寶調查與宣傳活動兼顧，一舉兩得。多虧媒體的支持，外界對妙成寺的關注與日俱增。

不久的將來，也許就能向大家報告驚天動地的大消息吧。

採用多數決才會賣不掉

在我接到人事調動命令之前，手頭上還負責一件計畫。

各位知道「道路驛站」吧？這是由國土交通省認定的設施，全國超過一千家，是專供用路人休息的設施，同時也是當地居民對外交流的據點。早在兩年前，我便提議在羽咋設置新的道路驛站。

我趁著相關人士齊聚開會，提出了這項構想。

「我們來做一個日本獨一無二的道路驛站吧。」

既然地點是在羽咋，當然只能販售羽咋才有的特產。想當然耳，唯有自然栽培的農產品了。不是低農藥或有機栽培的作物，而是以自然栽培法栽種的珍貴稻米等穀類、蔬菜、水果，其他道路驛站可沒有賣這種農產品。我們也不打算賣其他東西，只憑這些特產一決勝負。

想要吸引人群來這處偏鄉，就得標新立異。省去多餘之物，以「僅此一家，別無分號」爲訴求！銷售有三大原則：「只有這些、只有這裡、只有今天」。因此，打造一處專賣自然栽培稻米與蔬果的道路驛站，不是很好嗎！

然而，決定一切的是市公所的人，就得徵詢大家的意見。結果是，要在裡面販售一般土產，以及能吃到一般蔬菜、一般咖哩或拉麵的餐廳。一旦與行政扯上關係，就會冒出「公共」的思維。這也要、那也要，什麼都想要塞進去，其中也包括自然栽培的食材。簡直成了大雜燴。如此一來，便與其他道路驛站一樣平凡無奇，一點也不特殊了。我反對這麼做。官員卻說：「你也要考慮一下其他農家的心情啊。」「JA不是只做自然栽培喔。」對他們而言，最重要的是面面俱到，自然對人情毫無招架之力。

「哎呀，不要這樣說啦，把我的產品也放上去啊。」

「我知道了。」

結果弄成這副局面。

山口縣萩市有一處獲利高達十幾億日圓的道路驛站，「萩海鮮市場」（Hagi Seaside Market）。站長是人力資源公司瑞可利集團（RECRUIT HOLDINGS）的前任職員、中澤魚先生[2]。當初是他自告奮勇：「請讓我擔任道路驛站的站長。」後來也成功將它打造成全國十大最佳道路驛站之一。我和魚先生非常投緣，當我在二〇一三年提出設置道路驛站構想時，他正好來到附近，我便請他來羽咋，對市公所的職員演講。

「高野先生，我要說些什麼內容呢？」

「不必分享成功的祕訣，請你談談怎麼做會失敗吧。」

魚先生隨即答道：

「很簡單啊，找公務員當站長，差不多都會虧損。」

他就在大家面前這麼說，來聽演講的職員個個「欸！」當場傻住（笑）。要讓一間道路驛站虧損非常容易，只要交給公務員就好。與政府單位有關的事業，九八％都會虧損。去考察那些虧損的道路驛站時，會發現站長幾乎都是公務員。因爲公務員欠缺創業家精神（entrepreneur）與經營敏銳度，更不可能付出超過自己薪水二．五到三倍的工作心力，所以會與顧客需求脫節。若由政府單位負責營運，不論獲利或虧損，公務員的薪水都不會因此有所增減。更何況，公務員一旦質疑上頭的營運方針，就會被貼上不服從組織的標籤、踢出升遷名單裡。久而久之，爲求在組織中明哲保身，只能當個應聲蟲，否則無法出人頭地。這樣的情勢使得出類拔萃的點子王愈來愈難以工作。

在由公務員擔任站長的道路驛站，每天都會看到站長。但他只會繫著領帶，自吹自擂地說道：「哎呀，歡迎光臨。我們這可是花了○億日圓打造的道路驛站喔。」要是問

2　本名為中澤ひとし，工作上自稱為中澤さかな。さかな即是日語的「魚」。

道：「有賺嗎？」他就會不好意思地回答：「啊，電費是稍微超支了。」再繼續問道：「爲什麼想要蓋這個呢？」「哦，本來就計畫要蓋的。」可見他們僅滿足於建造設施，根本沒有事先考慮顧客的需求與店鋪的經營方向，只當成例行公事而不挑戰新事物。他們一開始就不關心要如何規畫好設施，僅把道路驛站交給有經驗的業者全權處理。因此，不管去到哪裡，那些驛站全都像一個模子印出來的。

反觀營收獲利的道路驛站，幾乎都看不到站長的身影。魚先生也是四處奔波，今天在北海道、明天去東北。他是去考察嗎？不對不對，他是去談生意。他曾經跟我聯繫：「高野先生，我要出發囉！」「你要去哪啊？」「哎，我不是跟你說過？我要把魚貨送去艾倫·杜卡斯在銀座的餐廳啊。」「BEIGE ALAIN DUCASSE TOKYO」餐廳如今使用的正是萩市的魚貨。多虧魚先生敏銳的生意頭腦，才能讓這處道路驛站的營業額超過十億日圓。

日本第一座「寺廟驛站」誕生！

在構想要如何在羽咋建造道路驛站時，選擇地點也是一大問題。

市府方面有意建造於羽咋市西側往金澤縣方向、朝北沿日本海的「能登里山海道」千里濱海岸ＩＣ一帶。但是我反對。沿著南北向的海岸建造商業據點及觀光設施，就會形成南北狹長的商業圈，根本留不住人潮。從金澤來的人潮會逐漸流往北部，聚集在輪島等地的奧能登一帶。儘管顧客願意在道路驛站花錢購物，卻不會把錢花在市內的觀光設施。如果要留住人潮，就應該設在東側的市中心。南北向的道路只會使人潮動線呈一條細線，但是設置在東側的市中心，人潮就會從一處擴散開來。這才是可行之道。

市議員諸公考察了全國各地的道路驛站，不時在各種場合對我說：「羽咋市有高野先生在，沒問題的！」卻一如既往不採納我的意見。很遺憾，我只能放棄道路驛站。現在說出來也無所謂了——當初提出道路驛站構想時，道路驛站顧問專家撥了我的手機，問道：

「高野先生，怎麼樣才能將道路驛站經營得有聲有色呢？」

我只能苦笑了。

就在此時，天助我也。前不久，我在妙成寺散步時認識了住在附近的一位太太。她對我說：「這座五層塔明明那麼美，卻沒有人來參觀，眞的很傷心啊。」我自己也是爲了讓妙成寺晉升爲國寶而奔走，聽了這番話後，心想著一定要盡一份心力，於是請求她的協助：「我們一起想辦法吧！」

正好妙成寺的停車場有閒置的店面，只有偶爾拿來辦活動而已，未免太可惜。

——對了，乾脆在這裡開一間專賣自然栽培農產品的店吧！

這是我的靈光一閃。只有自然栽培的農產品，才能讓這裡復甦。自然栽培的優點是不使用農藥、不殺害一隻蟲子，換句話說，它遵守了佛教最注重的不殺生戒。因此，最適合這座寺廟的店鋪，就是蒐羅不殺害任何生物栽種而成的食材以供大眾享用。食用自然栽培食材以療癒身體，參拜寺廟以療癒心靈，身心同時獲得清淨。在在體現了佛教所謂色心不二的眞理，亦即物質（身體）與精神合一。

以這座寺廟爲據點的道路驛站，不如取名爲「寺廟驛站」吧！

我立刻著手製作企畫案，具體描述店鋪的概念、食材供應來源、經費，並強調是由當地的婦女志願開設。獲得市長許可後，接著召集各位婦女，說明開店事宜。結果每個人全都目瞪口呆。

「眞的要做哦——？」

「自然栽培？這麼專業的名詞，我說不出來啦。」

「要怎麼做啊？」

看著大家惶恐不安的樣子，我只能不斷鼓勵，硬拉她們上陣：「做做看、做做看吧！」最後她們總算勉爲其難答應了。

開這家店鋪的目的不是爲了賺錢，而是希望照顧到訪顧客的健康。店內販售的食材全是有益健康的自然栽培農產品，顧客吃的蕎麥麵及飯糰等食品，也全是當地婦女以自然栽培的食材親手製作。

「這座妙成寺在江戶時代因爲壽福院皈依而香火鼎盛，各位請把自己當作平成時代的壽福院，讓這裡更有人氣。所以，我們的店名就借壽福院的名字，取名爲『壽福』吧。」

所有婦女均表示贊同，並且回答道：

「我們會努力的！」

配合北陸新幹線開通而開店

二〇一五年三月十四日，「寺廟驛站」配合北陸新幹線開通而開店，比預計後年開張的道路驛站更早。爲了趕上意義非凡的日子，我們緊急趕工。一方面也是想讓大家看看，不必花大錢也能做得有模有樣。

店內販售的產品會隨季節更動，主要是羽咋當地的農產品，例如自然栽培的稻米和小松菜、菠菜、白蘿蔔、紅蘿蔔、香菇等蔬菜類，海蒿苣等海藻類，以及檸檬、八朔橘等水果。店內也規畫一處空間，讓訪客享受蕎麥涼麵與飯糰、紅豆湯圓、甘酒等美食。包括免費提供的茶水與檸檬水在內，一切食材全是自然栽培的成果。有時人潮絡繹不絕，到了下午一點左右，蕎麥涼麵及飯糰便已賣光。想知道完全不用農藥、肥料、除草劑種出來的米是什麼滋味嗎？請務必來吃我們的飯糰。冷了也很好吃喔。冷掉了，更能突顯它的美味喔。

如前面提到的，不殺生、不侵犯眾生的生命是佛教的基本觀念。僧侶因此研究出沒有肉類及魚類的素食料理，例如醃蘿蔔乾、納豆等發酵食品以及凍豆腐、蔬菜豆腐湯

「寺廟驛站」與懷抱熱忱工作的婦女。

等，這些食物在日本飲食文化中扮演重要的角色。

如果要舉出本世紀的日本僧侶爲日本文化奠定了什麼基礎，我個人認爲是在飲食方面。不論是哪一宗派的僧侶。最先讓我理解這一點的，就是妙成寺。

我們也與妙成寺的高僧駒野教源一起設計了有趣的巧思。

那就是貼了金箔的廁所。

自從加賀藩藩祖、前田利家下令製造金箔與銀箔以來，金箔即被稱爲「加賀箔」，成了代代相傳的傳統工藝。加賀藩的極致之美就是金箔。既然如此，廁所也貼上金箔吧。以大量金箔打造當地特有的廁所，讓訪客留下深刻印象：「去了一次，還想再進去」、「去上個廁所也好」，不覺得很棒嗎？

當初若是沒有調到文化財室，我就不會造訪妙成寺，更不會認識那群婦女或想出這麼有趣的點子了。人生的有趣之處，便是永遠不知道會發生什麼事。

全世界首創！在大學成立自然栽培學科

除此之外，我還進行另一項計畫。

就是在大學成立自然栽培學科。可惜還不能公布大學的名字，但最近已在招生。這門學科也許是世界首創吧。

自然栽培法逐漸廣泛發展，但還沒建立學術上的體系。當我正在思考是否能在大學開課時，有一次和曾經應邀前來演講的大學理事長談起這件事，便向他提議。

然而，受到少子又高齡化的影響，年輕人愈來愈少，理事長以招生不易為由而興致缺缺。我心想：「啊？怎麼這樣？」眞是出師未捷。不過，我不可能就此罷手。

「我們想要以『JAPONIC』爲訴求，取代有機栽培的概念。」

「……JAPONIC？」

「沒錯，指的是完全不用農藥、肥料、除草劑的日本式自然栽培法。我們希望大學能教這門課。因爲全世界只有日本才有，可以吸引世界各地的學生來學習喔！」

理事長坐直了身體，顯得頗有興趣。

「像那些來自發展中國家或者其國家無力購買農藥及肥料的年輕人、還有擔憂環境遭到破壞的年輕人、對農業的未來發展抱持希望的年輕人，就算他們想要學習自然栽培法，也沒有學校可以教他們。若是成立這門課，他們就會開心地來學習。讓我們用日本式的自然栽培法，與世界一較高下吧！」

不能只把市場侷限在日本，應該將日本式自然栽培技法（JAPONIC）推銷至全世界。秉持先下手爲強的進取精神，敢做沒人做過的事情更能突顯價值。炒冷飯未免索然無味。不要尋找是否有前例可循，而是由自己創造先例。只要下定決心就好。

理事長認同我的想法。決定將自然栽培視爲環境保護對策的一環，成立相關學科。

大學的農學系絕對不會教授自然栽培法。他們只會教學生要噴農藥、要施化學肥料、要灑除草劑、要用有效的藥劑……。若是教授自然栽培法，無異於承認過去所教的內容全是謊言。破壞環境的因素之一，就是農業。散布在農地裡的氮肥會產生一氧化二氮，進而破壞臭氧層。美國科學振興協會所發行的《科學》（Science）雜誌，早在數年前即發表相關文章，認爲破壞環境的元兇、萬惡的根源就是農業。既然如此，乾脆停止。

大學應該教導有關農藥、化學肥料、除草劑的危害、基因改良的危險性等知識，也要教導地球環境學以及土壤生物學、種子，甚至行銷等實用課程。山川草木悉有佛性。也可以考慮將哲學課納入教學課程裡，講授一切萬物均有佛性的道理。由於大學附近有田地，我希望能將之當作實作田供學生實地運用。我自己也打算講授「自然栽培概論」。學生如果能在這四年裡扎扎實實地學習，最後一定能成爲自然栽培專家。而這群畢業生也能將這套自然栽培技法發揚至世界各地。

然而，如果這麼做就會成爲農藥公司、肥料公司、基因改良相關企業的眼中釘。有的企業會藉著改造基因，生產只能種植一代的無籽作物，迫使農家每年都得買種子。各位覺得這類種子種出來的蔬菜，會有益健康嗎？日本應該率先敲響警鐘，引領農業走出這種不合理的局面。過去日本生產的汽車與機車、家電等產品以優良品質博得了「日本製造」的美名，既然我們擁有如此優秀的農業生產技術，更應該將它發揚光大。

請看看荷蘭，國土面積只比九州大一點，人口僅有日本的八分之一。但是他們的農產品出口額僅次於美國，位居第二或第三。根據二〇一三年的調查顯示，位居全球第二名的出口額是九三三億美元，第五十五名的日本則是四十六億美元。兩者相差二十倍以上。爲什麼擁有優良技術的日本，出口額只排在第五十五名呢？因爲生產的產品賣不出去。以歐洲爲例，蔬菜所含的硝酸鹽濃度必須低於二五〇〇ｐｐｍ才能上市販售，日本有些使用化學肥料種植的蔬菜，硝酸鹽濃度竟然超出八〇〇〇ｐｐｍ。這種蔬菜在歐洲只會被當成毫無價值的廢棄物。不過，以自然栽培種出來的農產品，因爲沒有使用化學肥料，當然能輕鬆出口至其他國家。只要確實擬定策略，日本也能媲美荷蘭。我們絕對不能輕忽如此有潛力的產業。

令人欣喜的是，熊本縣的水俣有一群胸懷大志的年輕人。水俣在一九五〇年代，由於工廠排放廢水而引起公害病。現在有年輕的農家如松本和也等人，立志在污染最嚴重的土地上種出全世界最乾淨的作物，目前正以自然栽培法種茶。茶毒蛾會損害茶園，其他農家都是以農藥對付害蟲，松本君卻在茶園裡種野薑。因爲茶毒蛾最討厭野薑，所以不會來茶園。不必噴灑任何農藥、不必殺害一隻茶毒蛾，同樣能守護茶園。歷經多番嘗試，松本君種出來的茶葉，順利出口至對農藥殘留檢驗特別嚴格的德國。因爲完全沒使用農藥、化學肥料或除草劑，當然輕鬆通過檢驗。眞的非常了不起。在妙成寺的「寺廟驛站」也能品嘗到松本君栽種的茶葉喔。口感濃郁，十分好喝。

以自然栽培食材治好癌症病人

所謂「腸內菌叢」，指的是肚子裡的微生物可維持人體健康、預防癡呆、並且達到抑制癌症的效果，是當今學術界備受矚目的話題。

就我所知，有五個人因爲食用自然栽培栽種的稻米及蔬菜而治好食道癌，其中包括癌症末期病患。但是他並沒有用抗癌劑治療，眞是不可思議。有的醫師便著手研究箇中的因果關係。

以電子顯微鏡觀察木村秋則先生所種的蘋果時，發現其中的微生物群是一般市售蘋果的八倍至十倍。密集得令人頭皮發麻。吃下這種蘋果後，微生物就會跑到腸胃裡修補我們的身體吧。我們必須要轉換思維，世上萬物沒有無用之物，一切萬物皆和睦相處、共生共存。就連微生物也比想像中更有用，我們人類只不過沒發現而已。

礙於藥事法的限制，我只能含糊帶過。不過，我認爲體內微生物對人體的影響極大。自然栽培的實作田裡，唯獨椿象沒有大量出現在田裡。因爲全被蜘蛛和田蛙吃得一乾二淨。同樣的情況都在我們看不見的地方上演。總覺得微生物會替我們處理出現在體內的異物，並且修復這副身體，使我們回復正常狀態。微生物實在很偉大啊。

我希望自然栽培的食材將來能供醫院使用，它的發展勢必充滿無限潛能。未來一定會出現「微生物醫學」之類的全新研究領域。至於走在時代尖端的，則非我們莫屬。

我與史丹佛大學專門研究生物科學與環境的葛雷琴．戴利（Gretchen C. Daily）博士會晤時，曾向她提起想在大學開課教導自然栽培技法，她說道：「如果有這門課，我也想要學。」我當然回答她：「請您一定要來。」話雖這麼說，請戴利博士來當講師還比較恰當吧。

退休後的夢想是挑戰全世界！

從公務員退休後，我很希望能開一家公司。畢竟站在公務員的立場並不適宜做這些事。

我想開什麼樣的公司呢？

目前並沒有人能將以木村秋則先生為首的自然栽培同好凝聚起來。木村先生曾說：「讓我們以日本為起點，用自然栽培帶動全世界的農業復興吧！」但是向心力不足，根本無法構成堅若磐石的日本團隊。岡山、宮城以及石川的羽咋。這三地的自然栽培都有JA在背後支持，大家也為此傾盡全力，但總覺得愈來愈有自築高牆的傾向。這樣未免太可惜。發展方向不應該只往內求，而是要放眼全世界。木村先生所實踐的自然栽培確實是日本之寶。然而，能以此幫助世界，才是名副其實的瑰寶。所以有必要成立公司，凝聚志同道合的夥伴。

不過，我覺得最好不要冠上提倡者的名字，例如木村式栽培法或者○○式這類名稱。以免出現緊抓著既得利益不放的人、或是成了流於形式的組織機構。一旦侷限於組織，勢必會分成派系，引起內部紛爭。

除此之外，有的公司教授栽培技術時會收取高額講習費、或是以斂財的態度銷售高價食材，這也非常不可取。而木村先生並沒有靠講習費賺錢的自私想法，他總是謙稱「我這個沒有專利的」，而將技術教給所有想學的人。羽咋市公所農林水產課也是如此，若是想知道如何以自然栽培法來種植稻米與番茄，他們還會寄送栽培手冊給你。

然而，現實情況是自然栽培的食材成了高價品。一公斤要價一千四百日圓的米也太不合理，只有富裕階層才買得起啊。應該要把價格訂在一公斤四百至五百日圓左右。最理想的做法是在便利商店擺滿自然栽培稻米製成的飯糰，讓更多人平時也能購買。因此，當務之急便是增加從事自然栽培的農家。

可喜的是羽咋市決定提供補助金，支援有志從事自然栽培的新進務農者。這項喜訊確實令人振奮。第一次有政府機構這麼做，但願其他縣市也能跟進。

追求利潤固然是公司的首要目標，但是也能成爲以利他爲目的的公司，爲每個人的幸福著想。若是有愈來愈多農家希望大衆吃得健康，日本也會愈來愈健康。

自然栽培始於岡田茂吉先生，後繼則有福岡正信先生、木村秋則先生……這可是由日本人研發傳承下來的日本至寶。而日本人今後應有的基本態度，便是讓人由衷感嘆：「日本人眞了不起啊，竟然對食材如此講究。」當世界愈來愈詭譎多變，更應該用不含雜質不會腐爛只會枯萎的健康食材取代槍砲彈藥……將日本式自然栽培技法推廣至全世界，藉此讓大衆吃得健康、吃得幸福。對手國肯定會欣然接受這項極具價值的戰略物資。與其下毒危害對方，不如想辦法讓對方健康。將這項至寶發揚至全世界，算是我帶有正面色彩的野心吧。

爲了讓世界對日本另眼相看，既然國家不做，便只能經由人口過稀村落拿下世界市場。最理想的應該是在農林水產省成立自然栽培課啊。

讓東京奧運使用福島的食材

前幾天，我去福島縣磐城市與ＪＡ相關人士見面。當地至今仍飽受福島第一核電廠意外的流言所苦，儘管土地完全沒有遭受輻射污染，農家苦心種植的農作物依然乏人問津。最令人難過的是舉辦東北物產展時，有位顧客似乎因爲購買的農產品中有福島生產的蔬菜，竟然在離開之前東張西望地趁周遭不注意時將它扔進垃圾桶。據說有年輕農家看到這一幕，沮喪得再也不想從事農業了。聽了實在令人難受。然而，光是自怨自艾，過了一百年也不會有所改善。我舉了手，說道：「我有話要說。」

「不如從現在起，栽種世上最乾淨的作物吧。」

「什麼意思？」

「現在只能採用日本式自然栽培技法了。讓東北成為自然栽培的聖地，從大地震邁向大維新。只改一個平假名[3]，不就有一百八十度轉變了嗎？」

如果磐城市的餐廳提供的食材全是自然栽培的呢？一定會吸引世界各地的遊客造訪，因為吃了有益健康。當地遭受污染的流言仍未散去，卻能生產出世界最乾淨的農作物，藉此由谷底翻身，不是很好嗎？何不趁這機會邁向大維新呢？

方才垂頭喪氣的在場人士，聽了這番話後頓時燃起希望。

我的原則向來是「好事不宜遲」。於是當場撥了木村秋則先生的手機，並且開擴音讓所有人都聽得到，結果木村先生劈頭就說：「我在國外啦，現在在中國。」聽了差點沒摔倒，我繼續說道：

「老師，你在中國沒關係，但是請聽我說，福島現在的情況還是很不樂觀。雖然有一些年輕人有志從事農業，可是遭受的打擊都讓他們心灰意冷了。老師，請您來這裡開講習會吧。」

木村先生立刻爽快答應：「我會幫忙的。」

大家不禁士氣大振：

「木村先生會來這裡，我們一定能做到！」

木村先生隨後在磐城開設了自然栽培實踐塾。繼羽咋、岡山、宮城之後，磐城的JA也提供協助。這就是福島計畫。自然栽培的圈子愈形擴大。

事到如今，我們與福島的居民描繪了一個遠大夢想。期盼二〇二〇年東京奧運的選手村能夠採用福島收成的自然栽培稻米及蔬菜，供來自世界各地的運動選手享用，勢必能使選手的體能狀況更健康。藉此向世人宣揚，福島很乾淨、福島的農產品十分美味。但願這份夢想能夠實現。

與其感動，不如行動

至今有好幾千名政府官員或政治家、企業界人士來羽咋考察地區復興的情況，並且在研習會等學習講座上稱讚我們：「羽咋的試驗成果眞是不錯啊。」但是，他們之後有

3　日語中，地震是「じしん」，維新則為「いしん」。

爲地方上的居民做些什麼嗎？根本沒有。也不打算嘗試。實在很想拜託他們，不要只爲開會而開會，要爲行動而開會。

北至北海道、南至沖繩，我跑遍了四十七個都道府縣，以活化地區爲主題舉辦演講。有不少人前來聆聽，也常對我說：「好感動喔。」我很感謝，但不好意思，我不需要您的感動。與其感動，不如行動，請爲地方上的居民做點事情。處在偏鄉的我們都能做到，各位一定也能辦得到。

然而，我聽到的盡是責罵：「國家不給我們補助金。」「政府機構不提供補助金，也不協助我們。」如果只會怪罪外在條件不佳而不付出行動，過了一百年也不會有任何改變。既然嫌暗，點亮蠟燭不就好了？既然髒了，拿抹布擦乾淨不就好了？既然有所醒悟，就讓覺醒的人努力去做吧。但究竟有多少人明明毫無作爲，卻一味指責周遭的事物，彷彿人人都成了評論家，批判國家決策錯誤、行政荒腔走板。這種想法便是源自驅除害蟲的觀念。「沒有那傢伙就好了。」「少了那傢伙，事情就會順利多了。」只會反覆批評與指責的人，其人格也會因此扭曲，自取滅亡。

別理會「先知的預言」

身爲羽咋市公所的職員，至今也做了不少事情，其中最令人開心的，莫過於神子原地區的農家對我說：

「我很慶幸能繼續從事農業！」

「市公所第一次爲農家制定了這麼好的政策。」

也有人告訴我：

「前幾天，我第一次爲自己的家鄉感到驕傲。」

之前有人問他從哪來的，他原本低聲答道：「我來自神子原。」沒想到對方應聲道：

「哦——，就是那個、在三月請學生製作巨型人偶擺在田裡的地方嘛。」

「是的。」

「獻米給教宗的那個地方嗎？」

「沒錯！」

他因此有了自信。在此之前，根本不會說自己是來自神子原。怕別人在背後指指點點：「從深山來的喔。」「來自窮鄉僻壤的喔。」不過，最近已經能大大方方說出來了。聽了這番話，真讓我熱淚盈眶。

當我在二〇〇二年被踢到農林水產課，置身反對聲浪眾多的市公所時，唯獨直屬上司池田課長願意支持我，說道：「只要不犯法，一切由我負責。」我始終記得他在退休時對我說的話：

「在這漫長的公務員生涯中，這三年來真的非常充實，我一輩子也忘不了。」

因此，我也不時提醒自己，要以同樣的方式鼓勵屬下。希望能多一些這樣的公務員。「雖然沒有經費，但你可以自己想辦法。」放手交給屬下，他們也較容易做事。

接著是效率。經常有人指責我：「你一點都不顧慮組織。」但是太過重視組織的結果，最後只會剩下組織這空殼子。ＪＡ與農家的關係也是如此。有多少農村僅殘存ＪＡ這機構組織，當地農家卻寥寥無幾？有多少人口過稀的村落僅殘存市公所這機構組織、當地居民卻愈來愈少？制定太多許可制度或規範，只會在執行上縛手縛腳，完全無濟於事。

還有一點，請多鼓勵屬下。失敗幾次，便稱讚他幾次。不要當成是屬下出糗，出口埋怨：「又給我找麻煩！」請當成屬下在嘗試改革及改善，一旦失敗，也請給予鼓勵：「啊，辛苦啦。」但願組織裡能將讚美列為溝通的方式。

在日語中，公務員是「役人」，原本是指「有貢獻的人」（役に立つ人）；而在日語中，政府機構是「役所」，指的是「有貢獻的地方」（役に立つ所）。然而，只顧自己明哲保身而毫無作為的職員，未免多得令人厭煩。因為毫無作為，當然也不會失敗。不覺得奇怪嗎？「要是這樣做，後果會如何？」「若是失敗了，怎麼辦？」跟滿腦子負面思考的人談話實在毫無意義，所以我總是充耳不聞。

我前陣子在會議中發表意見，便遭到強烈反對。

「這樣做的話，會引起大亂喔！」

這不是廢話嗎？我就是想要引起騷動、讓羽咋登上新聞版面才提議的啊。我最受不了畏懼變化而封閉發展機會的人、還有光說不練卻裝作一副瞭然於心的評論家姿態的人。

我反問他：「既然您這麼說，表示您試過囉？」

「不用試也知道啊！」

話雖如此，但是不實際嘗試看看，又怎麼知道結果如何呢？於是，我非常、非常小聲地酸了他一句：

「您是先知嗎？」

「什麼——！」

對方當然更為光火（笑）。

不過，也只有先知不用做就知道結果啊。

透過「超能力考古學」尋寶

我並不是因為有潛力才挑戰，而是挑戰了之後才發現它的潛力。多敲敲碰碰幾次，蘊藏的潛力就會輕輕悄悄地冒出來。潛力是潛藏著的。即便失敗，依然要繼續挖掘同一個地方，才能發現深埋地下的潛力。因此，在光說不練的評論家眼裡，根本沒有所謂的潛力。

挑戰一百次，期間成功一次或兩次就好。話雖如此，這樣的機率也相當高了。中獎率比樂透還要高。一般來說，不是連買好幾年都不會中嗎？至於活化地區所做的努力，付出多少就有多少回報。即使不斷遭遇挫折，失敗了一百次也不要氣餒，只要做對一件事，大家就會非常開心。

時至今日，我依然敲敲碰碰著。

其一是我在第三章所寫的「激起渴望計畫」。如同獻米給教宗一樣，由極具社會影響力的人使用、食用、推薦的物品，會激發世人的欲望。事實上，我也有意請來無人不知、無人不曉的大人物，希望他能出席妙成寺的自然栽培宣傳活動。大明星所到之處，一定會吸引大批人潮。這項計畫若是成功，肯定很有意思。我萬分期待。可惜目前不能透露太多詳情，但已在進行之中，希望明年之前一定要請他來一趟。

還有一項計畫，是與我的老朋友清田益章共同合作。他在少年時期曾經以超能力折彎湯匙而名噪一時。我對他說道：

「你能把湯匙折彎是很厲害，要不要試著用你的超能力貢獻社會？」

他也欣然答應。

大家常說羽咋和島根縣的出雲很相似。石川縣將近六成的埋藏文化財都是從羽咋挖掘出來的，更何況我們也有長約一百公尺的王墓（古墳），如果眞像出雲那樣埋藏著銅鐸及銅矛也不足爲奇了。但是我們不知道埋在哪裡。因此，這項計畫是借重清田君的超能力，請他在攤開來的能登半島地圖上，用大頭針在感應到的地點做記號，我們便著手調查該處。如果在文獻及資料上查到該處周邊有遺址的跡象，再前往實地挖掘。只要發現一點蛛絲馬跡，我們的計畫便大獲成功。

我們的研究員不免擔心地問道：「這樣做好嗎？」不論是好是壞，一旦有所發現，不就是件驚人之舉嗎？總而言之，做了才知道。因爲，最愚昧的策略，莫過於忽略潛力。我擅自將它命名爲「超能力考古學（psychic archaeology）」，這項嘗試看似荒誕無稽，不過，我請清田君來羽咋之前，並沒有給他相關資訊，只讓他看了羽咋的地圖，他卻能說中各處遺址的位置，不禁令人期待這項計畫的成果。

從喪禮中可瞭解一個人的一切

有一個場合最能瞭解一個人的評價——那就是喪禮。

爲村裡奉獻一生的人，村人會來他的喪禮弔唁。爲公司拚上一輩子的人，公司裡的人或相關人士會來他的喪禮弔唁。爲地方謀求福利而付出一生的人，受福利照顧的人會來他的喪禮弔唁。爲自己的家人傾注一生的人，只有家人會哭泣。只爲自己賭上人生的人，沒有人會爲自己哭泣。透過這些場面，便能明白〔1〕×〔因素〕＝〔答案〕的道理。不論在工作場合裡多麼受人吹捧，死去的時候全都現形。

由於德蕾莎修女過世，令我有如此感觸。

修女在世的時候，曾經多次與日蓮宗的僧侶前往印度的加爾各答慰問。當時我因爲有要事在身，不克出席她的喪禮，但是在她過世後半年，我造訪了加爾各答的「垂死之家」收容所。那時候，有好幾位貧民婦女坐在入口的石階上抱膝哭泣。我問了她們，爲什麼哭泣？理由是想起半年前過世的修女，不禁悲從中來。聽到這番話，我頓時體悟到，一切是非功過，盡待蓋棺論定。人生在世時，一切尚未有定論。直到蓋棺之際，往生者的價值才會在喪禮上一一顯現。

就在最近，檀家信徒中有位高齡九十二歲的老奶奶過世，於是我前往弔唁。子孫、曾孫、家族親戚齊聚一堂，一直哭喊著：「奶奶——！」老奶奶以九十二歲高齡壽終正寢，大家大可以風風光光地送老人家上路就好，為什麼卻哭成這樣呢？一問之下，才知道老奶奶生前秉性質樸，為許多人盡心盡力，因而備受親友愛戴。我請在場所有人聽我說幾句話：「透過喪禮，可立即瞭解一個人為了什麼而付出一生。即便生前大家對此人歌功頌德，但其人格及生存價值仍全在蓋棺之後顯現。」

耶穌基督並沒有得到諾貝爾獎，釋迦牟尼也沒有念過哈佛大學。但是他們傾盡一生心力拯救世人，以至於至今仍受眾人敬愛、仰慕、尊崇、禮拜。一思及此，不免覺得我們現代人太容易受制於地位與學歷而汲汲營營於虛名了。一般人認為東大畢業很了不起，但是東大出身的官僚，能夠解決日本所有問題的癥結嗎？許多人就算再聰明，也沒辦法將這份智慧化為具體行動。因為他們缺乏知識中的「識」，僅有「知」而已。「識」是佛教五蘊之一，指的是內心明辨事物的認知能力。換句話說，他們的內心沒有同時發揮作用。

因此，我認爲有必要意識到不時有人看顧著自己。我在德蕾莎修女身上也感受到了這一點。當我有幸與她會面，極力讚揚她所做的一切時，她則是目光銳利地盯著我，說道：「我可不是爲了受人稱讚才做這些事。」一語驚醒夢中人哪。

山峰要高，山麓才會遼闊

我現在的頭銜是「羽咋市教育委員會文化財室長」。每天從早上八點十五分到傍晚五點十五分，都待在文化財室（羽咋市歷史民俗資料館）裡工作。內容則是研議將妙成寺申請爲國寶的相關事宜、爲參觀資料館的訪客導覽、有時也會去看看市內的遺址挖掘現場、一個月還得值日兩次。至於自然栽培方面，則是利用空檔推行計畫與授課。再加上僧侶本身的工作，我幾乎沒有假日可言。

經常有人問我：「爲什麼要不停做這麼多事情？」我總是回答：「因爲很快樂啊。」做討厭的事情並無法持久，但是做一些讓自己開心的事情可以長久持續。

既然擁有堅強的信念，「Going（硬幹） My Way」也無妨。就算只有一％或二％的人贊成，其他人全都反對也沒關係。「他只照自己的意思去做。」「那只是個人喜好吧。」就算有人這麼說自己也無所謂。只要不帶私心就好。由於我大張旗鼓推動自然栽培，免不了挨了一頓罵：「你的工作是文化財室吧！」但是我反駁道：「我這麼做是爲了擴展交流的人口啊，在羽咋推行自然栽培，就會吸引年輕人來啊。」對方也只得表示認同。副市長便曾對我說：「叫你不要做，你也會繼續做吧。」我也只能傻笑。

前幾天，市公所裡有人問我：「你明明是羽咋市的公務員，爲什麼跑去毫不相干的福島參與自然栽培計畫？」

「怎麼會不相干呢？」我回答道。不僅是福島，從北海道到沖繩，只要是發生在日本各地的事情，我一點都不覺得毫無關連。這並不是別人的家務事。行政組織的缺點就是將日本畫分成不同區域。我們應該要破除這道小小障礙，讓從事自然栽培的夥伴彼此互助合作。這與遠近無關，大家都可以一起做。

做任何事情都要徹底完成，千萬不要因爲害怕而中途放棄。不必把地球想得多龐大，不論對方是美國總統或羅馬教宗、日本首相，他們終究是地球上的一分子，同樣是這顆小小行星裡的居民。在我們的一生中，也只能和極少數人直接交談或握手。不必覺得害羞，多和其他人交流吧。

即使置身於窒悶黑暗中、遭遇四面楚歌的困境，只顧低頭往下看也無濟於事，試著抬頭往上看，或許會意外找到解決辦法。光線一定會從某處照射進來。肉體是有限的，腦海裡的世界卻是無邊無界。甚至能輕易超越、破除時間與空間的侷限。因此，多多發揮想像力，對自己會有幫助。

一路走來，每當我計畫做些什麼時，總有人對我說：「怎麼，你打算競選市議員啊？」下回則說：「你什麼時候出來選市長，我投你一票。」「啊？」諸如此類。不過，我的志氣可沒那麼小。我不是爲了地位跟職位而努力做這些事，只是一心想爲社會有所貢獻罷了。

我認爲公務員只有三種類型。可有可無的公務員、令人困擾的公務員，以及不可或缺的公務員。只有自己才能選擇要當哪一種。不論在哪一種場合都一樣，要當別人眼中「可有可無的人」或者是「不可或缺的人」呢……。我至今也不時問自己這個問題。

以我爲例，由於本身也是僧侶，我的結論是與其在乎別人怎麼看我，我更在乎佛祖怎麼看我。換句話說，我的人生是由肉眼看不到的神佛支持著。前面已多次提到，不帶私心的生活態度、利他的生活態度。因爲人生只有一次，就算在別人眼中是獨斷獨行也無所謂，被當成特立獨行的怪胎也沒關係。不妨下定決心堅持自己的信念。雖然不知結果如何，總而言之，坐而言不如起而行。

日蓮聖人的經典著作《開目抄》中有一句話：「受愚人之讚，方爲第一之恥。」過去種種並不會在活著時有所定論，留待蓋棺後論定即可。

如今正是天將破曉，且是即將大爲轉變的黎明時期。

爲了將朝氣蓬勃的社會留給下一代，從今以後，我也會持續將過去燃起的火花，燃燒得更加熾熱。

後記

「要是失敗了，怎麼辦？」「我的立場會怎麼樣？」對於這些意見，我一律充耳不聞。懷有私心的人，內心方向總會走偏，朝向負面思考發展。

只要解決問題的動機是正確的，就算無法獲得世人認同，也不必在意別人說三道四，照自己的步調進行即可。不過，事情進展順利時，就有一堆人冒出來邀功，「其實我有支持他」「是我指導他做的」，簡直跟詐騙電話的說詞「我啦！我啦！」沒兩樣，眞令人傷腦筋。

找一堆沒有經驗的人開會、印製精美的大部頭計畫書也無濟於事。因爲人不會像電氣迴路圖一樣乖乖運行。如果任何事情都能照著計畫書完美運作，社會上再也不會有虧損的公司、人口過稀的村落，更不必爲人口減少而煩惱。

首先要認清事物的本質，接著嘗試看看，就算遭遇失敗或跌倒，身體也會慢慢找回平衡感而不再摔倒，下一次必定會「成功」。地區發展也只要延續這項觀念即可。哀嘆了一百年、召開流於形式的會議討論也不會有絲毫改變。既然如此，不如盡己所能嘗試看看。基本上，只要做的是正確的事情，我認爲根本不需要批文、許可書或是上司的認可。

最能呈現組織與地域社會的模型，就是自己的身體。自己的右手與左手絕對不會吵架，要是受傷了，各部位都會互相維護。不要抱著驅除害蟲的想法，認爲「不需要那傢伙」。陷入迷惘時，不妨以心眼仔細觀察自己的身體。會發現肉眼看不見的微小細胞，正以慈悲利他的行爲維持整個身體的機能。即便腦袋不靈光，身體的細胞仍舊宛如慈悲菩薩般活著。然而，唯獨癌細胞會瞞著周遭製造一條血管支線，盜取養分滋養自己。若是母體仍被蒙在鼓裡，就會死亡。

上一本著作出版後，確實有不少人前來神子原考察，我也在現場爲大家說明。但可惜的是，就算考察先進地區、舉辦研討會、學習國內各項事例，若不採取「行動」，仍是於事無補。本書若有值得參考的事例，請務必自由模仿，試著從一項行動做起。

在此感謝女兒香菜子為配合新書版發行，特別細部校正了文章起始及接頭詞的部分。感謝出羽迪世先生幫忙彙整漫無章法的對話。感謝講談社的灘家薰先生、新井公之先生。感謝北至北海道、南至沖繩縣西表島等地前來造訪的諸位人士。感謝在背後支持我的市公所全體職員。同時在此深深感謝以木村秋則先生為首、致力於自然栽培的每位人士。就此停筆。

二〇一五年五月於新綠時節開始插秧的神子原梯田　高野誠鮮

人與土地 NLH0009

獻米給教宗的男人——史上最熱血農村公務員衝破體制無極限，拚出自己與村落的新人生

作　者——高野誠鮮
構　成——出羽迪世
譯　者——莊雅琇
主　編——李宜芬
編　輯——邱淑鈴
美術設計——三人制創
企　劃——張燕宜
校　對——莊雅琇、邱淑鈴
董事長
總經理——趙政岷
總編輯——余宜芳
出版者——時報文化出版企業股份有限公司
10803台北市和平西路三段二四〇號四樓
發行專線——（〇二）二三〇六—六八四二
讀者服務專線——〇八〇〇—二三一—七〇五
（〇二）二三〇四—七一〇三
讀者服務傳真——（〇二）二三〇四—六八五八
郵撥——一九三四四七二四時報文化出版公司
信箱——台北郵政七九～九九信箱
時報悅讀網——http://www.readingtimes.com.tw
法律顧問——理律法律事務所　陳長文律師、李念祖律師
印　刷——勁達印刷有限公司
初版一刷——二〇一七年六月十六日
定　價——新台幣三二〇元
（缺頁或破損的書，請寄回更換）

時報文化出版公司成立於一九七五年，並於一九九九年股票上櫃公開發行，於二〇〇八年脫離中時集團非屬旺中，以「尊重智慧與創意的文化事業」為信念。

國家圖書館出版品預行編目（CIP）資料

獻米給教宗的男人：史上最熱血農村公務員衝破體制無極限，拚出自己與村落的新人生 / 高野誠鮮作；莊雅琇譯. -- 初版. -- 臺北市：時報文化, 2017.06
面；　公分. --（人與土地；9）
譯自：ローマ法王に米を食べさせた男 過疎の村を救ったスーパー公務員は何をしたか？
ISBN 978-957-13-7029-3（平裝）

1. 地方政治 2. 區域開發 3. 日本

575.31　　106008198

ISBN 978-957-13-7029-3
Printed in Taiwan